Giampaolo Pansa

L'Italia non c'è più

Come eravamo, come siamo

Rizzoli

ISBN 978-88-17-09368-2

Prima edizione: marzo 2017

Realizzazione editoriale: studio pym / Milano

L'Italia non c'è più

Prologo
Il paese perduto

Avevo pensato di intitolare questo libro *Il paese perduto*. Nella mia testa l'Italia è talmente cambiata da essere ormai un paese senza identità, perduto al punto di apparire una tendopoli abitata da esseri umani con ben poco in comune. Poi, d'accordo con l'editore, ho scelto un titolo più esplicito e secco: *L'Italia non c'è più*.

Perché sostengo che la nostra è una nazione scomparsa? Qualcuno potrebbe ribattermi che le cose non stanno così. È vero che l'Italia non è più quella dei primi decenni del dopoguerra e appare molto mutata. Ma continua a esistere con tutte le sue qualità e i suoi difetti.

La mia risposta non lascia però scampo a dubbi e a incertezze: il nostro è un paese che ha davvero perduto se stesso. E ogni giorno rivela non soltanto a chi ci vive, ma pure a quanti lo osservano da lontano, di essere sparito. Non dalla carta geografica, ma di sicuro nella coscienza di milioni di persone. Tanto da far pensare a molti che abbia imboccato una strada priva di ritorno: quella della decadenza senza rimedio.

«Decadenza» è una parola dal suono tetro. Ma chiunque, guardandosi attorno, può coglierne i segnali. Nell'ultimo capitolo di questo libro provo a elencarli. Ma al tempo stesso ammetto che non mi procura nessuna ansia. A difendermi esiste la mia età, uno scudo che mi aiuterà a non vedere i momenti peggiori del declino che immagino e temo. In una nazione dove milioni di cittadini, giorno dopo giorno, si troveranno alle prese con tutti i guai di una patria che si sfascia e rischia di dissolversi senza che una mano salda la sappia governare con saggezza.

Ma se stiamo decadendo davvero, in quale modo si può impedirlo? È inutile che qualche lettore mi chieda una risposta. Non è più una faccenda che mi riguardi. A farci i conti saranno gli italiani più giovani di me. Sono loro a essere in pericolo, non io. Tante generazioni stanno correndo verso il ciglio di un burrone, senza rendersi conto che vi cadranno dentro e lì resteranno. Sempre che santa Scarabola, la patrona delle imprese impossibili, non gli faccia aprire gli occhi finché sono ancora in tempo.

Se mi limito all'apparenza, il declino non parrebbe una minaccia reale. Al confronto con gli anni della mia giovinezza, quelli che descrivo nella prima parte del libro, molto di ciò che osservo in questo 2017 mi sembra migliore di allora. Il nostro tenore di vita è ben più alto. È vero che stanno emergendo sacche di povertà, ma risultano ancora limitate. E non tutte si sono trasformate in focolai di miseria e di ribellione. Anche se qualche rischio già si intravvede.

La nostra salute è buona e ben tutelata. La cultura non è un affare per pochi. Molti di noi parlano l'inglese. E c'è chi impara il cinese e il russo, le lingue di due super potenze. In tanti girano per il mondo. Alla ricerca di migliori occasioni di lavoro e di studio. Ma anche trascorrere le vacanze in posti esotici e lontani è diventata una consuetudine.

Tanti anni fa non era così. Venivamo da una guerra mondiale conclusa con milioni di morti. Ci minacciavano conflitti capaci di distruggerci per opera dell'Unione Sovietica, una dittatura guidata da un tiranno comunista che si chiamava Josif Stalin. La faziosità politica stava sempre in agguato e non esitava a uccidere persone inermi, come nell'epoca del terrorismo rosso. Eppure ne siamo usciti senza perdere la libertà.

In compenso ci bastava poco per essere felici. Si andava in bicicletta o in Vespa e non in Suv o in Ferrari. Anche possedere una Fiat 600 era considerato un sintomo di benessere. Chi si applicava nello studio veniva premiato. I giovani sapevano di poter trovare un lavoro, spesso pagato con tirchieria, però in grado di farti apprendere un mestiere e, nel tempo, di migliorare la tua condizione sociale. Il boom economico degli anni Cinquanta ha rappresentato una garanzia per tutti. La ricerca di un po' di benessere sollecitava la nostra volontà di migliorare. Le famiglie erano più unite, tenute insieme da gerarchie salde: prima il padre, poi la madre, quindi i figli. E su tutti, i nonni ancora in vita.

Il sesso non era venduto lungo le strade e con l'impudenza di adesso. La libertà sessuale ha rappresentato una conquista per i ragazzi e ancora di più per le ragazze. Insomma, la mia sensazione è che, pur campando senza l'abbondanza di oggi, vivevamo meglio. Anche se non conoscevamo le molte comodità odierne e gli sprechi che ci concediamo. Non credo che questa convinzione sia soltanto l'effetto della nostalgia che spesso diventa la compagna implacabile dei signori anziani che si sono lasciati alle spalle pure l'età matura.

Perché dico che vivevamo meglio? Se osservo questa Italia del 2017, prima di tutto vedo un paese sempre più diviso tra ricchi e poveri. Le ideologie che predicavano l'uguaglianza sono scomparse, uccise dal loro estremismo, ma soprattutto dalle illusioni nelle quali si sono cullate senza guardare in faccia la realtà. La sinistra odierna è un'araba fenice con il solo obiettivo di sopravvivere alle divisioni che la dilaniano.

L'interesse pubblico e gli obblighi di ogni cittadino, per primo quello di non evadere il fisco, valgono meno di una ciabatta frusta. L'insieme dei partiti è vittima del discredito accumulato in anni di incompetenza e di disonestà. Il cittadino senza potere associa la Casta dei politici alla corruzione, alle tangenti, alle ruberie.

Al centro dell'Italia di oggi esiste un vuoto che chiunque può riempire. L'abbiamo compreso quando un signor Nessuno come Matteo Renzi, un premier bullo, presuntuoso e velleitario, ha tentato di diventare il padrone politico del nostro paese, un dittatore moderno. A fermarlo è stata la rabbia di milioni di cittadini, stanchi delle sue bugie, delle promesse a vuoto, della disinvoltura nel servirsi di qualsiasi mezzo pur di conquistare tutti gli anfratti del potere. A cominciare dall'uso spregiudicato del sistema televisivo e di un insieme indecente di clientele.

La vittoria strabiliante del No nel referendum sulla riforma costituzionale del dicembre 2016 ci ha confermato che l'Italia di un tempo davvero non esiste più. I partiti sono morti o rischiano di tirare le cuoia. La Democrazia cristiana è defunta decenni fa, eppure le nuove generazioni di democristiani continuano a comandare. Il guaio è che sono ben più aggressivi, cinici e pronti a tutto dei loro antenati. Quelli dello Scudo crociato e del bianco fiore, il ceto politico che nel succedersi dei decenni ha permesso all'Italia di diventare una nazione quasi moderna.

La prova della decadenza della nostra classe politica sta in quanto abbiamo visto nel passaggio dal 2016 al 2017. È stato difficile persino trovare un accordo per varare una nuova legge elettorale decente. Far nascere qualsiasi governo politico, di sinistra, di destra o di centro, è sembrata un'impresa impossibile. Con il risultato di veder crescere la rabbia degli italiani meno fortunati. Quelli alle prese con una serie di problemi sempre più difficili da risolvere: la crisi economica, il tenore di vita che si riduce, il lavoro che si perde o non si trova, il difficile rapporto con l'arrivo di un numero crescente di migranti, un'invasione che il governo ha sempre evitato di affrontare.

Infine abbiamo vissuto l'esperienza terribile del terremoto nell'Italia del Centro, iniziata ad Amatrice alla fine di agosto del 2016 e continuata nell'ottobre e nel gennaio successivo in cinque regioni. Il sisma e una lunga tempesta di neve ci hanno messo sotto gli occhi una tragica verità: il cuore del nostro paese, dove le scosse si succedono ogni giorno, può sparire da un momento all'altro. Abbiamo scoperto un cancro infernale che nessuna promessa potrà guarire.

Volete sapere come vedo io il nostro futuro politico? Provo a spiegarlo, anche se qualcuno la riterrà una previsione troppo nera. L'unica strada utile che ci resta è quella di un governo tecnico, un insieme di galantuomini non legati ai partiti in grado di affrontare i rebus irrisolti che angustiano l'Italia del 2017. Senza soccombere alle pretese della Casta politica che farà di tutto per non essere messa da parte. Il Parlamento deve restare sovrano, ma per ottenere un minimo di rispetto deve a sua volta rispettare l'impegno dei personaggi senza tessera che il presidente della Repubblica avrà scelto per affidargli un compito tra i più difficili e ingrati.

Desidero essere esplicito, a costo di venire considerato un ultrà del pessimismo. Al di là di una compagine di super tecnici e del suo eventuale fallimento, esiste soltanto un governo dei militari. Presieduto da un generale dell'Arma dei carabinieri o della Guardia di finanza. Con i paracadutisti a proteggere i ministeri, minacciati dagli uomini bomba del Califfato nero. Vogliamo correre questo rischio? Spero di no.

Infine un'avvertenza a proposito del libro che state per leggere. I protagonisti sono Paolo, un giornalista ottantenne, e Carlotta, la figlia ventenne di un amico. Al primo ho prestato molti dei miei ricordi e un po' del mio carattere di vecchio signore ancora energico e talvolta bizzoso. In Carlotta, disposta ad assisterlo nella stesura delle sue memorie, ho raffigurato la forza e le debolezze dei giovani di oggi. Nella speranza di averci preso, come si usa dire alla buona.

G.P.

1
Carlotta

Si erano ignorati per anni, Paolo e Carlotta. Vivevano entrambi a Roma, ma tra loro non esisteva nessun rapporto. Lui, Paolo R., era un giornalista andato in pensione dopo aver lavorato per anni nelle testate più importanti e spesso con incarichi delicati: inviato speciale di prima fila o vice del direttore. Il lavoro l'aveva assorbito del tutto e soltanto adesso si accorgeva di sapere ben poco delle persone che lo circondavano.

Una di queste era Carlotta B., figlia di un suo vecchio collega. L'amico gli aveva parlato più volte della ragazza, vicina ai vent'anni. Diceva che la figlia, iscritta alla facoltà di Lettere, voleva fare la giornalista. Al liceo e poi all'università si era dimostrata un'allieva tra le più brave. Leggeva molto e non trascurava i quotidiani e i settimanali.

«Carlotta ha tantissima stima di te» gli garantì l'amico. «Mi ha fatto raccontare tutto quello che so del tuo percorso professionale. Un giorno mi ha confidato che le sarebbe piaciuto incontrarti. Non ho voluto accontentarla perché conosco il tuo carattere e non sapevo in che modo l'avresti presa. Mi sono limitato a dirle che, prima o poi, quel momento sarebbe arrivato...» E infatti l'occasione ben presto si era presentata.

Paolo rivelò un giorno all'amico: «Ho deciso di scrivere un altro libro. È dedicato all'Italia di ieri, penso che sarà un rimpianto per come eravamo allora. Migliori di oggi, nonostante la guerra mondiale e quella civile, la prosperità ancora lontana, i partiti politici troppo potenti. Sarà un racconto della decadenza italiana, di un paese che si sta perdendo e rischia di diventare una nazione finita.

«Forse tua figlia potrebbe aiutarmi. In che modo? Ascoltando passo dopo passo, tutti i giorni, quanto le dirò. Il suo sarà un lavoro impegnativo. Anche perché la pregherò di rivolgermi tutte le domande che vorrà. E poi di valutare le mie risposte. Ti garantisco che verrà ricompensata con generosità».

L'amico lo avvertì: «Se mia figlia accetterà il lavoro che le proponi, sarà bene che ti dica due o tre cose sul suo conto. Carlotta ha un carattere che assomiglia al tuo. È cocciuta. Rifiuta di sottomettersi, non vuole briglie sul collo, è spavalda e sempre pronta a contraddire chiunque. Ma è anche molto curiosa di un maestro del tuo calibro. Vorrebbe conoscerti meglio. Però non sa in che modo reagiresti se irrompesse nella tua vita».

Paolo decise di iniziare a scrivere il libro che immaginava. Con il passare dei giorni, si innamorò sempre di più del progetto. E dell'idea che Carlotta gli fosse necessaria come interlocutrice.

Spiegò all'amico: «Penso che tua figlia sia davvero la persona giusta per impedirmi di fantasticare. Ai signori anziani succede spesso. Me ne sono reso conto quando mi occupavo della politica italiana. Allora nei partiti le carriere duravano anni. Poteva capitare che un dirigente democristiano si convincesse che il Pci si fosse sciolto davanti alla strapotenza dello Scudo crociato. E un politico comunista sostenesse che l'Italia era una repubblica affiliata all'Unione Sovietica. Dove le cariche statali più importanti venivano decise al Cremlino».

Chi poteva evitargli di cadere in quei terribili vuoti di memoria e, al tempo stesso, aiutarlo a mettere insieme i tanti momenti della sua esistenza? Paolo non ebbe incertezze: questa ragazza che ancora non conosceva, se non attraverso la descrizione che ne aveva fatto il padre. E un giorno decise di convocarla per capire meglio che tipo fosse.

Paolo la prese alla larga: «Tu hai vent'anni e studi Lettere all'Università di Roma. So che sei diligente, ma non credere sia facile realizzare il tuo proposito di diventare una giornalista come tuo padre e me. Il giornalismo è in crisi: i giornali perdono lettori e non hanno soldi. Senza contare che le grandi testate sono già piene di donne, spesso affatto anziane e molto brave. Non sarà per niente facile trovare un impiego, anche precario, nella carta stampata.

«Io ho lavorato per molti editori» continuò Paolo. «E via via sono diventato un personaggio che i colleghi chiamano "maestro". Ho sempre il sospetto che questo titolo sia beffardo. Ma ammesso che non lo sia, nessuno di loro sarebbe in grado di aiutarti. Per di più, mi sono sempre rifiutato di mettermi al servizio di un politico che conta. Dunque non posso fare niente per te. Mia cara ragazza, dovrai cercarti un'altra professione...»

Tuttavia Carlotta aveva davvero un carattere di ferro e non si lasciò intimorire da quella previsione. Quando Paolo le propose di assisterlo nella stesura dei propri ricordi, gli rispose subito di sì: «Resterò accanto a lei per il piacere di fare questa esperienza, ma anche per vantare un credito nei suoi confronti. Il giorno che questo libro sarà finito, non potrà più rifiutare di aiutarmi».

La ragazza cominciò a frequentare ogni giorno l'appartamento di Paolo, governato da una badante ucraina, Dina. La donna, sulla quarantina, l'accolse con entusiasmo. E le disse: «Finalmente potrò parlare con un'amica e non con quel musone del dottor Paolo. Non immaginavo che tu fossi così bella. Potrei perdere la testa per te. Ma purtroppo sono una femmina e mi è vietato avere pensieri proibiti sul tuo conto».

Anche Paolo rimase colpito da Carlotta. Aveva davvero una bellezza speciale che la faceva sembrare una zingara. Alta, snella, scura di pelle, capelli neri e ricci. Il suo corpo stava ancora maturando. Il seno sbocciava con una prepotenza che lasciava immaginare conflitti roventi con spasimanti maschi. I fianchi erano da giovane ben messa. Mentre il sorriso era quello di una birbantessa.

Paolo era stato un donnaiolo impenitente. Eppure non si era mai imbattuto in una ventenne tanto sexy. Si domandò se Carlotta fosse ancora vergine. O avesse già ceduto a qualche corteggiatore. Ebbe la tentazione di chiederlo. Ma riuscì a fermarsi, pensando che sarebbe stato sconveniente, anche per un signore della sua età.

Si limitò a domandarle: «Hai davvero voglia di aiutarmi a mettere nero su bianco i miei ricordi? Per esempio, rivolgendomi domande che mi spingano a rievocare il passato con precisione e senza truccare le carte? Ti avverto subito che ti aspetta una bella fatica. Dovrai frequentare questa casa di continuo. Accettare i miei scatti d'umore, le paturnie, i rimproveri. I vecchi signori non sono facili da sopportare. Soprattutto quando hanno di fronte delle bellezze rapaci...».

«Che cosa intende per rapaci?» domandò Carlotta, incuriosita. «Non pensavo di essere simile a un falco o a un'aquila!»

«Dammi del tu e non fare la scema con me!» ruggì Paolo. «Intendo sgenate, senza inutili pudori, capaci di non offendersi se un signore anziano si lascia andare a domande che la morale corrente giudica sconvenienti.»

«Ma tu sei un signore speciale, come mi ha garantito mio padre» obiettò Carlotta. «Non ti vedo rivolgermi domande di quel genere.»

Paolo sospirò: «Tu sei ancora molto giovane. E credo che non abbia esperienza di come la pensano i maschi, a cominciare da quelli tanto cresciuti da essere arrivati alla vecchiaia covando ancora dei desideri. Ti garantisco che sono i peggiori. Quando si trovano di fronte a una ragazza bella come te, vanno fuori di testa. Si illudono di avere ancora trent'anni. Diventano molesti, il desiderio li rende pericolosi, pronti a mettere in atto qualsiasi trucco pur di entrare nella sua intimità».

Carlotta lo ascoltò pensierosa, poi gli sparò una domanda: «Tu saresti capace di azzardare qualche idea strana sul conto della sottoscritta?».

«Strana in che senso?» chiese Paolo.

Carlotta non gli rispose.

La ragazza non era mai entrata nell'appartamento del dottor Paolo. Lo scoprì carico di libri, di un archivio pieno di ritagli di giornale, di quaderni zeppi di appunti. Dopo la morte della moglie, il vecchio giornalista si era chiuso in se stesso. Diventando un solitario che aveva pochi contatti con il mondo. Lo assisteva la badante ucraina, efficiente e scrupolosa.

La ragazza si domandò subito se la signora fosse anche la sua morosa. E non si trattenne dal chiederlo.

Lui si limitò a replicare: «Non sapevo di aver scelto come assistente una ragazza tanto impicciona. Un tempo si diceva: tra moglie e marito non mettere il dito. Oggi si dice: tra badante e assistito fingi di non vedere!».

Ma Carlotta ripeté la domanda. Paolo le rispose: «Figlia mia, non dimenticare che ho compiuto da qualche mese gli ottant'anni. Tu mi vedi mentre faccio del sesso con la Dina?».

Carlotta mostrò tutta la propria testardaggine: «Non devo dirlo io a te. Ma ci sono molti modi di sparare le ultime cartucce. Questa signora Dina mi sembra la donna giusta per aiutarti a farlo».

Paolo si stizzì: «Ti sei offerta di aiutarmi a mettere insieme questo libro. E non per indagare sul conto mio e della Dina. Ti prego di non rivolgermi più questo genere di domande».

La ragazza gli sorrise e si limitò a dire: «Obbedisco, illustre maestro».

2
Mussolini

La prima domanda che Carlotta rivolse a Paolo non poteva che sorprenderlo: «Tu hai mai visto Mussolini? Intendo dal vivo e non in qualche film Luce».

«Perché me lo chiedi?» replicò Paolo.

«Perché hai scritto molto di lui nei tuoi libri sulla guerra civile e sulla Repubblica sociale. Ne ho letti alcuni e mi sembra di aver capito che il personaggio in fondo ti piacesse. Non sei mai stato un suo tifoso, ma neppure tu hai saputo sottrarti al fascino, anche negativo, che il Duce accendeva in milioni di italiani.»

Sbuffando lui la interrogò a sua volta: «Tu che cosa sai di Mussolini?».

«Ben poco. Mi ha colpito molto un articolo pubblicato da una rivista femminile. Raccontava della grande energia sessuale del Duce. Lo circondava un numero impressionante di donne disposte a fare l'amore con lui. E Mussolini era sempre pronto a soddisfarle. Una volta prese una signora nel proprio ufficio a Palazzo Venezia. Sul pavimento. Sopra un tappeto. Quando viaggiava in treno, la polizia doveva impedire alle donne che lo aspettavano a ogni fermata di saltargli addosso per offrirsi.»

Paolo scosse la testa, scoraggiato: «Se una giovane e brillante studentessa come te conosce di Mussolini solo quello che ha letto su un rotocalco femminile, allora ho proprio ragione: il nostro è davvero un paese perduto e non ha nessun futuro. Noi anziani lo consegneremo a una massa di ignoranti che ne faranno strame. Ma non voglio pensare al domani. Devo ritornare al passato. E raccontarti dell'unica volta che ho visto il Duce. Però la tua domanda mi obbliga a prendere atto di una verità che non riguarda soltanto i giorni alle nostre spalle, bensì quelli che stiamo vivendo».

«Fammi capire meglio» lo invitò Carlotta.

«Oggi gli italiani non sono cambiati molto da allora. La grande maggioranza cerca un leader, un capo, che li comandi e sia disposto a guidarli. Il successo che ha avuto il nostro ex presidente del Consiglio, Matteo Renzi, si spiega soltanto in questo modo. E non dimenticare un media dal potere spaventoso: la televisione. Se fosse esistita negli anni Venti e Trenta, Mussolini avrebbe conservato il potere per un tempo infinito. Dunque, visto che sei tu a propormelo, iniziamo questo libro con i miei ricordi sull'Uomo di Predappio!»

«Era il febbraio del 1943 e il regime fascista stava vivendo il suo ultimo atto» iniziò a raccontare Paolo. «Come sai, sono nato e cresciuto nel Monferrato. Un giorno ci annunciarono che il Duce avrebbe fatto una visita lampo alla nostra città con una breve sosta in piazza Castello, di fronte al Po. La mia nonna materna, Teresa, una signora secca e sempre vestita di nero, era l'esatto contrario della militante fascista. Odiava il Duce, però non lo aveva mai visto e mi costrinse a scortarla sulla piazza dove lui si sarebbe fermato.»

A Paolo mancava poco a compiere otto anni. E da ragazzino aveva una gran passione per il Duce. Ogni volta che accompagnava la madre al cinema, se lo trovava di fronte nei film Luce e non gli sembrava un essere umano, un cristiano come tanti. Aveva il piglio del comandante in capo e l'oratoria di un grande leader politico. Lo affascinava anche il modo di muoversi di Benito. A scatti. Con il collo eretto e lo sguardo rivolto in avanti. C'era una posa che gli piaceva più di altre, il Duce scrutava il mondo con le mani sui fianchi. Come se gli dicesse: attento a quel che pensi e a quel che fai, perché adesso comando io!

Per l'esattezza Paolo aveva sette anni e cinque mesi. Ma sembrava un tantino più grande. Era magrissimo, con le gambe lunghe e dalle ossa forti, un volto sorridente. Indossava la divisa di Figlio della Lupa, in attesa di passare tra i Balilla. Però leggeva già il settimanale che si chiamava per l'appunto «Il Balilla». Gli piaceva molto una striscia di fumetti che sfotteva il capo del governo britannico Churchill, il presidente americano Roosevelt, sua moglie, «la terribile Eleonora», e Stalin, chiamato «Stalino, l'orco rosso del Cremlino». Insomma, era un perfetto figlio del regime. Papà e mamma lasciavano correre. Mettersi contro il Duce sarebbe stato un suicidio.

La nonna Teresa non poteva soffrire Mussolini da quando un suo nipote, ben più adulto di Paolo, era morto a ventun anni combattendo in Grecia. Da quel momento sperò che qualche malattia senza scampo si portasse via Benito il Macellaio. E quando seppe che avrebbe visitato la loro città, decise di vedere che grugno avesse e impose al nipote di accompagnarla.

Il Duce arrivò su una grande Aprilia scoperta e, come era previsto, si fermò in piazza Castello, dove si erano radunati tutti i gerarchi della città. Lì per lì Paolo rimase stupefatto. E si domandò se quello fosse proprio Mussolini. In piedi sull'auto c'era uno spettro. Un teschio sudato, dal colorito terreo. Due fosse nelle guance. Gli occhi di vetro nel pallore delle orbite, di un luccicore innaturale. La pelle cadente. E dal collo in giù un cappottone militare che nascondeva il vuoto. Il mantello di un burattino. Il sudario di un morto.

Ascoltò la nonna Teresa ringhiare a mezza voce: «Quel porco è ammalato. E di brutte malattie. Mali misteriosi. Hitler, il suo compare, gli ha mandato dalla Germania due maghe incaricate di guarirlo. Ma sono ritornate quasi subito a Berlino perché non c'è più niente da fare!».

Deluso, Paolo riprese a scrutare il Duce. Era tutto l'opposto dell'uomo descritto nel suo libro di lettura. In quelle pagine si leggeva: «Dai più importanti e delicati affari di Stato, la giovinezza di Mussolini passa alle più multiformi manifestazioni di sana e gioviale attività sportiva. Sempre fresco, sempre agile, con una vivacità sorprendente».

Quando disse alla nonna Teresa: «Forse il Duce è stanco», lei ruggì: «Non è stanco, è moribondo. È incapace di sopportare la più ridicola delle fatiche. Vedrai che adesso ripartirà subito. Deve visitare Mortara e Vigevano per far vedere alle sue bande che è ancora vivo!». Infatti, dopo un ultimo saluto, molle, sfibrato, senza pronunciare nessun discorso si accasciò sull'Aprilia e il macchinone ripartì.

Ma anche senza il Duce, l'adunata fascista doveva proseguire. Nell'umidore di un febbraio carico di nebbia e di cornacchie strepitanti, con un entusiasmo stentato, i gerarchi presenti in piazza Castello si misero in marcia verso il centro della città. In testa procedeva il federale Amedeo Migliavacca. Lo chiamavano «Il grande mutilato» poiché in Africa Orientale aveva donato alla patria il braccio destro. Ma non in battaglia, bensì durante una partita di pesca con le bombe a mano, su un lago strappato agli abissini nella guerra del 1935.

Quella maledetta bomba non si era limitata a liquidargli il braccio. Lo aveva anche stortato nella figura, marchiandolo di un che di malforgiato, di non riuscito. Per di più, con il passare degli anni, il corpo del federale si era ingrossato, specialmente sulle natiche. Con il risultato di regalargli un sedere enorme. I suoi denigratori sostenevano che quel fenomenale lato B avesse capovolto le preferenze del gerarchissimo: niente più ragazze in camicia nera, bensì nerboruti avanguardisti.

Ben più maschia del Migliavacca risultava la Cloe Battistoni, capa delle donne fasciste della città. Una quarantenne che si faceva precedere dal seno formidabile e dal passo romano senza paura. Si mormorava che avesse circuito con successo una giovane infermiera dell'ospedale, figlia di un operaio rosso dell'Eternit spedito al confino in quanto comunista.

La Battistoni era il maschio della coppia, l'infermiera rossa la femmina. Dopo una prima fase all'insegna del segreto, la storia fra le due donne era stata resa pubblica dal vecchio leader dello squadrismo cittadino: Giovanni Passerone. Si era invaghito anche lui dell'infermiera, dal momento che a letto era una vera satanassa. Ma si era imbattuto nel veto della Battistoni e aveva dovuto rinunciare alla preda. Per vendicarsi, non esitava a rivelare un po' a tutti la tresca fra le due donne.

Poi il Passerone aveva tentato una manovra inattesa. Si era messo a corteggiare la camerata Battistoni nella convinzione di sottrarla all'infermiera e avere così il campo libero. Da squadrista era stato un donnaiolo senza pause. Il suo motto recitava: «Le camicie nere devono tenere alto il gagliardetto anche quando scopano».

Ma la camerata Battistoni era una furba con il fiocco. Si portò a letto il Passerone e poi raccontò a mezza città che era diventato molle come un fico andato a male. Capace soltanto di fare cilecca e dunque inadatto alle spedizioni amorose. Il comandante fu costretto a rinunciare all'infermiera. E si dedicò a un giro di signore mature che lo avevano finanziato quando si batteva da solo contro le masse socialiste e comuniste. Ne sposò una, straricca e contessa. E mise al sicuro la propria vecchiaia.

La nonna Teresa bofonchiò: «L'Italia è davvero di carta se non sa liberarsi di questi pupazzi». Ma i pupazzi stavano portando al disastro il paese. Lei era al corrente di tutti questi intrighi. Però si guardava bene dal parlarne con Paolo, considerato ancora un ragazzino. Pensava: «Ogni cosa a suo tempo». Quella mattina, ripartito Mussolini, strappò il nipote da piazza Castello e lo riportò a casa.

Nel frattempo il Duce e i suoi gerarchi stavano perdendo la guerra. E le conseguenze si videro subito. Quello che in altri tempi sarebbe stato definito «lo spirito civico» deperì, sino a svanire. La maggioranza degli italiani dimostrò di non avere più interesse per la sorte della nazione. In tanti si rifugiarono nel privato. E presero atto di una verità che si erano sempre rifiutati di vedere: dentro casa, a guidare le danze erano le donne.

Il femminismo doveva ancora essere inventato. In realtà si stava già affermando, grazie alla guerra. Nelle coppie ebbero il sopravvento le femmine. Erano loro a decidere chi comandava sotto le lenzuola. I mariti e i morosi furono costretti a obbedire. Potevano sfogarsi soltanto se lei decideva di farlo. I tradimenti si moltiplicarono, senza nessuna sanzione per la donna infedele. Emersero le coppie al femminile. Un famoso donnaiolo della città si vide soppiantato da una maschiaccia brutale che prese il suo posto nel talamo coniugale. Ai maschi rimase una sola via d'uscita: quella di accompagnarsi a un altro uomo. L'omosessualità trionfò. I travestiti conquistarono la ribalta. E non esitarono a mostrarsi in pubblico.

Un giorno, al ballo annuale della Filarmonica, folgorò tutti una coppia dove la donna era un meccanico di trent'anni. Da Mussolini al giacufumna che trionfa. La vita reale era anche fatta di questi lati oscuri.

«Non pensavo che l'Italia di Mussolini facesse così schifo!» esclamò Carlotta.

Paolo la mise in guardia: «Non avere fretta. Verrai a conoscere altre vergogne».

3
I baci della maestra

«Visto che sai così poco di Mussolini, non saprai nemmeno che cosa erano le colonie marine e montane» Paolo provocò Carlotta.

Lei scosse la testa: «Non ne ho mai sentito parlare».

«Meglio così. Nell'Italia del dopoguerra si sono ascoltate descrizioni assurde, inzuppate nell'ideologia. Dal momento che le colonie le aveva decise Mussolini per consentire a ragazzi e ragazze che venivano da famiglie povere, o poco abbienti, di fare qualche settimana di vacanza in posti di villeggiatura.»

«Tu ci sei stato, in una di queste colonie?» chiese la ragazza.

«Sì, anche se non avevo nessuna voglia di andarci. A deciderlo ci pensò mia madre, la vera comandante della nostra famiglia. Mio padre era un operaio specializzato delle Poste e Telegrafi e parlò alla mamma di una colonia montana destinata ai figli dei postelegrafonici del compartimento di Alessandria. Il resto lo fece lei.

«Senza dirmi nulla si informò su dove stava la colonia montana e scoprì che l'assistente era una signorina della nostra città, cliente della sua modisteria. Un pezzo di figliola, dalla bellezza indiscutibile. Alta, bionda, tutta curve diremmo oggi. Si chiamava Pinuccia. Aveva ventidue anni, era la figlia del direttore delle Poste in città e faceva la maestra elementare. Vestiva con eleganza e le piaceva indossare gonne piuttosto corte che mettevano in risalto le gambe perfette. Mia madre e lei si intesero subito. E la Pinuccia trovò un posto per me nella colonia di San Giovanni D'Andorno, nelle Prealpi biellesi, non lontano dal Santuario di Oropa.»

Era il 1943 e le scuole elementari chiusero il 20 maggio. Paolo aveva sette anni e mezzo, quando la mamma lo informò che avrebbe trascorso tre settimane in un bel posto di montagna. Il figlio disse subito di no, ma lei replicò sì. Paolo continuò a ripetere no, no, no. E lei seguitò a replicare: sì, sì, sì!

«Non mi restò che partire, a testa bassa e con un gran magone» raccontò Paolo a Carlotta. «Era la prima volta che mi allontanavo da casa e non mi piaceva per niente. Temevo di non sopportare l'assenza dei miei genitori e di mia sorella. E soprattutto la mancanza del mio ambiente, l'unico che conoscevo: l'alloggio, il negozio, il caseggiato, il quartiere del centro. Una cuccia che mi faceva sentire al sicuro.»

Una volta arrivato alla colonia, Paolo si rese conto che aveva visto giusto nell'opporsi. Il posto gli sembrò orrendo. Montagne basse, sempre coperte da nuvoloni neri, spesso battute da una pioggia gelida. Per di più, lui era l'unico ragazzino che veniva dalla sua città. Gli altri erano tutti di Alessandria. I maledetti mandrogni, gente cattiva, infida, bugiardi matricolati. Noi monferrini non potevamo sopportarli e cercavamo di non avere rapporti con loro.

Peggio dei mandrogni c'erano soltanto i biellesi che vivevano attorno alla colonia. Di loro si diceva: «Ci vogliono cento anni e un mese per far fuori un biellese!». E adesso Paolo si trovava a tu per tu con loro, accidenti. Cominciò a scrivere ogni giorno una cartolina alla mamma. Ripetendo lo stesso, disperato messaggio: «Non mi piace stare qui. Voglio tornare a casa. Venite a prendermi!».

Il guaio era che doveva consegnare le cartoline alla Pinuccia. Nella colonia lei aveva un ruolo importante. Le era stata affidata la lezione quotidiana di dottrina fascista, un compito che svolgeva con un rigore inflessibile. Si mostrava altrettanto rigorosa a proposito dei messaggi di Paolo. La sua regola era di non spedirne mai nessuno. Si limitava a telefonare un giorno sì e l'altro no alla modisteria per garantire che «il ragazzo» stava bene e vivere in colonia, tutto sommato, non gli dispiaceva.

Poi accadde quello che «il ragazzo» non si aspettava. La maestra dormiva all'ingresso della camerata. In una specie di alcova, protetta sui quattro lati da tendaggi di stoffa robusta.

«Una sera la Pinuccia si accorse che, mentre tutti gli altri dormivano, io ero sveglio e piangevo. Allora, senza aprir bocca, mi fece alzare dalla branda e mi portò dentro la sua alcova.»

«Ci avrei giurato che sarebbe andata così!» strillò Carlotta, ridendo.

Paolo replicò: «Non fare la sapientona maliziosa. E ascolta il mio racconto. La Pinuccia mi disse di coricarmi accanto a lei. Aveva un corpo caldo e dalla ciccia soda. Iniziò a baciarmi e a strafugnarmi, come se fossi un suo moroso. Se ci ripenso oggi, quella fu la prima volta che venni accolto da una donna nuda o patanuta, come si diceva nel nostro dialetto...».

«E che cosa provasti?» chiese Carlotta.

«Assolutamente nulla. Ero troppo piccolo per eccitarmi. Però mi è rimasto il ricordo di un seno grande e soffice, una pancia morbida, un paio di cosce ben tornite. La Pinuccia era davvero un'incosciente. Se l'avessero scoperta, sarebbe stata mandata via. Con un seguito di fastidi che non voglio immaginare. Ma dietro quell'azzardo c'era un segreto. Fu lei a svelarmelo qualche notte dopo, quando mi portò di nuovo nel suo lettone al riparo di quei tendaggi.»

«Raccontamelo, ti prego!» ordinò Carlotta.

«La Pinuccia aveva un fidanzato che prestava servizio nei sommergibili, come ufficiale addetto alle macchine. Nell'estate del 1943 era imbarcato sul *Tazzoli*, partito due mesi prima per l'oceano Atlantico. La Pinuccia era senza notizie sia di lui che del sottomarino. E ne soffriva. L'aveva confidato a mia madre che aveva provato a rassicurarla: nessuna nuova, buona nuova. Ma la maestra non si quietava: "O vivono tutti o muoiono tutti. Dentro i sommergibili non c'è scampo!" ripeteva. E nel dirlo si faceva terrea. Anche lei si sentiva sola e soffriva.

«Da adulto, ho riflettuto a lungo sulle carezze e i baci che la maestra mi dispensava. Ero un bambino, ma pur sempre un maschio. Lei immaginava di avere tra le mani il moroso ufficiale, infatti nel dormiveglia mi chiamava con il suo nome. E si comportava all'incirca come avrebbe fatto con lui.»

Carlotta insorse: «Era una vera spudorata questa maestra! Non teneva conto che eri un ragazzino piccolo. Non doveva trattarti come un giocattolo, un bambolotto non di pezza, ma in carne e ossa...».

Paolo la fermò: «Voi donne state sempre sul chi va là. Non appena entra in scena un'altra femmina, la vostra prima reazione è dipingerla come se fosse una sgualdrina. La maestra della colonia non era affatto così. E in fondo si comportava anche lei da ragazzina.

«Quando ho ripensato da adulto a quelle notti, mi sono reso conto che la Pinuccia è stata la prima donna a offrirmi un bacio sensuale, esplorando la mia bocca con la lingua. Si limitò a quello, ma lo fece con un ardore che in seguito mi obbligò a riflettere sul mistero che ogni donna nasconde nel proprio cuore quando incontra un maschio che le piace.

«Nelle mie riflessioni successive, ho anche compreso che la sua lezione di dottrina fascista era senza passione. Anzi, lei avrebbe sputato su qualunque dottrina le avesse rubato il moroso per tombizzarlo dentro un mare sconosciuto, in una bara d'acciaio. Erano pochi o tanti i fascisti come lei? Con il senno di poi, oggi direi molti. E lo si vide due settimane dopo, quando Mussolini cadde e il regime fascista finì».

«Che cosa avvenne nella colonia di San Giovanni d'Andorno quando arrivò la notizia?» domandò Carlotta.

«Poco o niente. Il direttore, un impiegato delle Poste di Alessandria, fece schierare tutti i ragazzi sul piazzale dell'alza bandiera e, balbettando per l'emozione, annunciò: "Mussolini non è più il Duce. Sua Maestà il Re ha affidato il governo dell'Italia a un nostro illustrissimo conterraneo: il maresciallo Pietro Badoglio. Mussolini è stato impacchettato dai carabinieri. Il regime finisce e io ne sono contento perché ero contrario al fascio, sia pure di nascosto, per forza di cose. E adesso festeggeremo!".»

La festa nel refettorio consisteva in un uovo a testa. Paolo lo mangiò in un baleno perché era sempre affamato. Nel divorarlo si accorse che sulla parete c'era un vuoto. Avevano già fatto sparire il ritratto di Mussolini. Restava, solitario, il re Vittorio Emanuele III. A lui dispiacque un tantino: era abituato all'accoppiata. E poi le novità lo impaurivano sempre.

Per calmarsi, la sera domandò alla Pinuccia se poteva dormire nel suo lettone. Questa volta a piangere era lei. Perché non sapeva dirsi se la caduta di Mussolini avrebbe permesso al *Tazzoli* di interrompere la missione nell'oceano Atlantico. La paura di non veder ritornare il moroso la rese ancora più affannata e affettuosa. E Paolo incassò un'altra nottata che non avrebbe più dimenticato.

4
La ragazza dell'8 settembre

«Dell'armistizio ricordo due momenti» raccontò Paolo a Carlotta. «Il primo risale all'8 settembre 1943. Dalle tante caserme della mia città saliva un grido che molti compresero come fosse "Pane, pane!". In realtà centinaia di soldati urlavano "Pace, pace!", poiché erano convinti che la guerra fosse finita. Il secondo momento è l'arrivo di qualche decina di paracadutisti tedeschi che in poche ore catturarono un centinaio di militari italiani.»

«In quanti si salvarono, sfuggendo a questa caccia all'uomo?» domandò lei.

«Credo pochi. Non ci riuscirono neppure i soldati che avevano scovato abiti da civili. L'occhio dei parà di Hitler era infallibile. Tuttavia, rimase in libertà un militare italiano che si era camuffato in modo bizzarro, facendosi passare per una ragazza.»

Era Gianni F., un giovane sui vent'anni. Aveva un aspetto efebico, piccolo di statura, magro, un profilo dolce, un volto quasi da fanciulla, la pelle diafana, le mani delicate, l'aria timida e educata, senza le sguaiataggini dei giovanotti in divisa.

A suggerirgli quel travestimento fu una sarta della

città. La stessa che all'inizio del servizio militare gli aveva sistemato la divisa, troppo larga per il suo fisico mingherlino. Gianni si era rivolto a lei nelle prime ore dell'armistizio, sperando che la donna gli procurasse qualche abito da borghese.

Ma lei lo ammonì: «Vestirti da civile non ti eviterà di cadere nelle mani dei tedeschi. Persino il più distratto dei paracadutisti di Hitler si renderà subito conto che sei un militare in fuga. Dopo averti catturato, ti spedirà in Germania. Per salvarti devi sembrare una ragazza. Soltanto così scamperai all'arresto. Vieni nel mio laboratorio e vedrò di aiutarti».

La sarta ci sapeva fare. In un paio d'ore trasformò Gianni in una femmina. Gli scovò l'abito giusto. E volle che indossasse anche gli indumenti intimi adatti. Poi lo truccò, gli sistemò i capelli che il militare portava lunghi e gli offrì un paio di zatteroni, le scarpe che allora andavano di moda. Infine gli disse: «Da questo momento tu sarai Gianna e fingerai di essere una delle mie lavoranti. Come ti trovi nei panni di una femmina?».

Gianni balbettò: «Mi sento bene e non provo nessun imbarazzo». La sarta gli replicò: «Immaginavo che mi avresti risposto così. Ci sono dei maschi che vorrebbero essere femmine. E tu sei uno di questi. Torna da me questa sera, dopo cena. Voglio vedere come ti comporteresti se qualcuno ti credesse una vera ragazza!».

Carlotta chiese a Paolo: «Una sarta doveva essere ben informata anche su questi gusti maschili. Ma in quell'epoca, a metà degli anni Quaranta, erano tanti i maschi che amavano farsi passare per femmine?».

Paolo rispose: «Se devo fidarmi di quanto ho saputo in seguito, quando ero adolescente, la mia risposta è molto pochi. E soprattutto non si mostravano in pubblico. Non dimentichiamo che l'Italia veniva dal ventennio fascista. Mussolini ci voleva tutti maschi e orgogliosi di esserlo. Il travestimento era un vizio segreto, l'opposto di oggi».

«Chi si travestiva?» domandò Carlotta, una birbante assai interessata agli aspetti strambi del sesso.

«In teoria, tutti e nessuno» rispose Paolo. «Mia madre, che era una modista e una sarta, sosteneva che c'erano dei mariti di mezza età che sfogavano in quel modo i rapporti cattivi con le mogli. E non di rado le consorti accettavano il vizio dell'uomo di casa. Pur di evitare rotture definitive, lo aiutavano a realizzare il piacere del travestimento. Erano loro ad acquistare quel che serviva al marito. Entravano nel negozio della mamma e con il pretesto di fare un regalo a un'amica compravano guêpière, corsetti, reggiseni, mutandine maliziose, sottovesti. Mia madre era una commerciante furbona e si guardava bene dall'indagare a chi servisse davvero quel corredo, di solito abbastanza costoso.»

«Ma ritorniamo a Gianni diventato Gianna» continuò Paolo. «Quella sera, la sarta dimostrò di essere una quarantenne sgenata. A lei piacevano i maschi, ma si eccitava se ne incontrava qualcuno che voleva assomigliare a una donna. Andò all'assalto del soldato in fuga e si fece prendere da lui. Strillando: "Con me cerca di fare il tuo dovere di maschio!". Gianni-Gianna obbedì e mandò la sarta ai sette cieli. Trascorsero una notte di follie. Alla fine del goga e migoga, si addormentarono di schianto, dimenticando tutto: l'armistizio, l'esercito scomparso, la spavalderia pignola dei parà tedeschi.»

Il giorno successivo, la sarta chiese a Gianni: «Di quale paese sei?». «Sono di Messina, i miei genitori abitano da anni in quella città.» «Immagino che vorresti ritornare a casa.» «Certo che mi piacerebbe e sono tentato di provarci...» Lei lo fermò: «Non pensarci neppure. Tra qui e Messina c'è di mezzo il fronte, la guerra degli Alleati contro i tedeschi. E per un ragazzo come te esiste soltanto una certezza: morire ammazzato. Devi avere pazienza e fermarti qui da noi per qualche tempo. Per l'alloggio non preoccuparti. Come hai visto vivo da sola, in un appartamento molto grande accanto al laboratorio. Se qualche cliente mi chiederà chi sei, ti presenterò come la mia nuova apprendista. Vestito da ragazza sei perfetto. Ti mancano soltanto le tette».

La sarta possedeva mani d'oro. E confezionò a Gianni un reggiseno imbottito che gli diede un aspetto che allora andava di moda: una femmina magra, ma con le poppe da maggiorata. Da donna previdente disse a Gianni: «Se ti capiterà di concederti a qualche maschio, non spogliarti del tutto. Offrigli il tuo culo, ma conserva il seno finto che ho preparato per te».

Gianni, ormai diventato Gianna, accese subito le

voglie di un cinquantenne che frequentava la sarta. Era un tipo muscoloso, facile a eccitarsi, e venne attirato dalla nuova lavorante. La sarta incoraggiò Gianna a cedergli, in cambio di un bel po' di denaro. L'ex militare si spogliò conservando il seno finto. Il cinquantenne non cercò il pelo nell'uovo. Voleva soltanto il tesoretto che stava fra le sue natiche. Lo penetrò senza riguardi e lo fece sanguinare. La ferita guarì subito e Gianna si accorse di aver provato un piacere che non conosceva.

Dopo quell'esperienza, Gianni-Gianna decise che doveva migliorare il proprio aspetto. Curò molto il trucco del viso. Si depilò con scrupolo. Imparò a camminare con i tacchi alti. Infine si azzardò ad andare in una sala da ballo per constatare se il suo travestimento reggeva in una situazione delicata. La sarta si offrì di accompagnarlo, fingendo di essere una zia incaricata di controllare la nipote.

Gianna era diversa da tutte le altre donne della balera. Si muoveva con un po' di incertezza che poteva sembrare un richiamo sensuale. Fu così che ebbe un successo strepitoso. Con un solo momento di panico. Accadde quando un quarantenne lo convinse a uscire nel giardinetto della balera e lo pregò di fargli un pompino. L'ex soldato non aveva previsto quel servizio. Ma decise di non sottrarsi alla prova. Afferrò il pisello del suo corteggiatore, lo prese tra le labbra e lo fece esplodere.

Quando lo raccontò alla sarta, lei chiese se avesse ingoiato il succo che gli aveva riempito la bocca. Gianni rispose: «Sì, non potevo farne a meno». «E che sapore aveva?» «Nessuno. Era soltanto un po' oleoso. Però mi è bastato lavarmi per liberarmene del tutto.»

La sarta era una finta zia, ma una vera mezzana. Comprese che Gianni-Gianna poteva diventare una piccola miniera d'oro. Attrezzò una parte del laboratorio come una perfetta casa di piacere. E convinse il ragazzo a diventare una prostituta professionale. Tra i clienti un giorno si presentò anche un giovane tenente dei paracadutisti tedeschi che avevano occupato la città e Gianna lo servì a dovere. Ma l'ufficiale si rese conto di essersi coricato con un ragazzo che fingeva di essere una femmina. Lo obbligò a liberarsi del seno finto, quindi gli disse: «Adesso farai il maschio e mi prenderai come se io fossi la femmina».

Gianna si comportò da Gianni. E penetrò l'ufficiale. Il tedesco impazzì di piacere e gli disse: «Da domani verrai a vivere nel mio alloggio e diventeremo una coppia di amanti perfetti». Gianni si rifiutò di seguirlo e il tenente iniziò a picchiarlo. Il ragazzo si difese, s'impadronì della rivoltella del tedesco e lo uccise con un colpo in fronte.

La sarta accorse, ma era una donna di carattere e non perse la testa. Con l'aiuto di due amici fece sparire il cadavere dell'ufficiale. Poi disse a Gianni: «Da questo momento non puoi rimanere in città, metteresti tutti nei guai. Devi raggiungere una delle bande di ribelli che stanno nascendo in Valle d'Aosta. Loro ti aiuteranno. Sei giovane e riuscirai a fare la loro vita. Per di più starai con chi è destinato a vincere. Dopo la fine della guerra deciderai che cosa fare».

Gianni seguì il suo consiglio. Da partigiano, sollazzò un paio di capibanda che nella guerra civile non avevano perso il gusto di praticare amori strambi. Si ripresentò in città il 25 aprile 1945. E venne accolto a braccia aperte dalla sarta. La donna gli chiese: «Vuoi ritornare a fare la parte di Gianna? La tua stanza è sempre libera e in ordine».

Ma il ragazzo preferì partire per Messina. Voleva rivedere i genitori e rendersi conto se erano vivi o morti. Quando arrivò a casa, mostrò a tutti il suo brevetto da partigiano combattente. E diventò uno dei capi dell'Anpi. Dimenticò il passato da ragazza, sposò la figlia del sindaco, si iscrisse al Partito socialista e mise al mondo tre figli. Poi il suocero gli trovò un impiego in municipio. E Gianni diventò un italiano perfetto.

5
Il rifugio della Marchesa

«Tu, che hai conosciuto la guerra, hai mai avuto paura?» domandò Carlotta a Paolo.

«Più di una volta. Anche se ero difeso dall'incoscienza dei ragazzini» rispose lui. «Nell'estate del 1944 stavo per compiere nove anni e mi sentivo lontano dalle apprensioni degli adulti. Ma esisteva un terrore che non potevo evitare: quello di trovarmi sotto un bombardamento aereo. Non ne avevo mai visto nessuno, ma in casa il papà, la mamma, la nonna e le zie ne parlavano di continuo. Come se fosse un castigo di Dio, un lampo che poteva folgorare chiunque.

«In quell'estate, mia madre, prima di andare a dormire, si affacciava dalla ringhiera di casa e gettava uno sguardo al cielo. Se vedeva un tappeto di stelle, rognava preoccupata: "Cielo sereno, rischio di bombe. Dobbiamo prepararci a correre nel rifugio della Marchesa". Se invece notava un cielo coperto di nuvole, la sentivi dire contenta: "Questa notte gli aerei americani e inglesi ci lasceranno in pace".

«Di questi aerei sapevo tutto. Avevo imparato come fossero sfogliando le riviste che trovavo dal barbiere. Durante l'estate, la mamma mi portava una volta alla settimana a farmi i capelli a zero. "Ad alzo abbattuto!" ordinava al padrone del negozio. La mamma era una furbona e sapeva bene che il parrucchiere aveva per lei una passione neppure tanto segreta. Per questo si sentiva in diritto di approfittarne. Gli diceva: "Non fare aspettare Paolo! Lui deve passare davanti agli altri clienti, tutti perdigiorno. Così non sentirà certi sproloqui non adatti alla sua età!".»

Invece a Paolo piaceva attendere il suo turno. Era attratto dai discorsi degli uomini adulti sulle donne. Erano il loro argomento preferito e si vantavano di conquiste inesistenti. I più anziani raccontavano di avere fatto follie con ragazze di vent'anni. E si diffondevano in dettagli inventati, tutti lussuriosi. Dicevano: «Con la Tale ho scopato per due ore. Con la Talaltra soltanto un'ora, ma le ho fatto vedere i sorci verdi!».

Tuttavia a piacergli erano soprattutto le riviste che il barbiere acquistava per la clientela. Poteva leggerle gratis, imparando un sacco di cose. Lo attirava soprattutto «Signal», un settimanale tedesco in lingua italiana. La direzione pubblicava le fotografie di tutti gli aerei americani e inglesi. Per dimostrare ai lettori che i nemici della Germania di Hitler erano molto armati e pericolosi. Ma nonostante questo dettaglio sarebbero stati immancabilmente sconfitti dall'Asse tra Roma e Berlino.

«Quando suonava l'allarme di notte, correvate nel rifugio della Marchesa?» domandò la ragazza.

«Sì, il nostro caseggiato si precipitava quasi tutto proprio in quel sotterraneo. Stava sotto il palazzo della Marchesa della Valle di Pomaro, un grande edificio del Settecento situato quasi di fronte a dove vivevamo. Era un luogo carico di storia. Si raccontava che nella guerra del 1859, Napoleone III e Vittorio Emanuele II vi avessero preso il caffè, serviti dalla nobildonna in persona.»

«Ma questa Marchesa com'era?» indagò curiosa Carlotta. «Bella, brutta, altera, alla mano?»

«Nessuno l'aveva mai vista, neppure da vecchia» rispose Paolo. «Ma c'era chi sosteneva che anche da giovane ereditiera, scomparsa poi a centodue anni, risultasse del tutto sconosciuta. E nel palazzo si muovesse soltanto il suo fantasma. Però si trattava di uno spettro bonario che proteggeva le nostre vite.

«La verità è che il suo rifugio era molto apprezzato per due motivi diversi. Il primo era che la Marchesa e la sua famiglia erano imparentati, sia pure alla lontana, con Vittorio Emanuele III, re d'Italia. Dopo la caduta di Mussolini nel luglio del 1943, il re aveva tagliato la corda insieme al suo socio, il maresciallo Pietro Badoglio, messo a capo di un nuovo governo.

«La gente diceva: "Gli Alleati non bombarderanno mai il palazzo di una nobildonna che è pappa e ciccia con il re!". E tutti si affrettavano a trovare un posto nel suo rifugio. Del maresciallo Badoglio, invece, non parlava quasi nessuno. Chi lo faceva sfoggiava soltanto giudizi negativi sul suo conto. Ma dipendeva dal fatto che Badoglio era di Grazzano, un paese del Monferrato. E i monferrini sono degli specialisti nel parlar male di chi è nato dalle loro parti e si è fatto un nome.»

«Il secondo motivo che spingeva tanti a preferire il rifugio della Marchesa era che si trattava di uno spazio molto vasto e ben attrezzato. C'erano posti a sedere per almeno settanta persone. Con secchi pieni d'acqua e di sabbia, pronti da usare in caso di incendio. Anche le luci di emergenza erano forti e consentivano di vedere con chiarezza chi stava seduto accanto a te.

«Uno dei guardoni ero proprio io, un ragazzino molto curioso» raccontò Paolo. «Il rifugio mi sembrava il palcoscenico di un teatro dove molti attori recitavano la loro esistenza sotto l'incubo di un bombardamento che, per fortuna, non arrivava mai. Ad attrarmi erano soprattutto le donne. Ancora giovani o di mezza età, ma tutte con un corpo impossibile da non osservare. In quel tempo, la parola dieta non aveva nessun significato. "L'unica dieta che conosciamo" recitava mia madre, "è quella imposta dalla tessera annonaria e dalla scarsità di cibo."

«Dunque venivano esposti seni abbondanti, schiene cicciose, sederi contenuti a fatica dalla gonna stretta, polpacci da lottatrice, braccia che sembravano suggerirti: "Stringimi con forza perché la mia è roba buona!". Le proprietarie di questo bendidio non mostravano paura delle bombe. Chiacchieravano come se si trovassero al caffè. Tagliavano i panni al prossimo senza curarsi di nulla. Le più giovani si confidavano storie di amori presenti o immaginati. Perché se rischi di riceverti una bomba sul coppino è meglio morire sorridendo che piangendo.

«Insieme alle donne c'erano le mezze donne» spiegò Paolo. «Oggi diremmo che si tratta di gay casalinghi, ma allora era una parola sconosciuta. Venivano definiti "giacufumna", termine dialettale per indicare un cupio, ossia un travestito, che però osava mettersi in ghingheri soltanto al riparo del proprio alloggio.

«Molti di loro erano clienti della sarta con il laboratorio sul nostro piano. Era brava a vestire tanto i maschi quanto le femmine. Ma spesso le capitava di ricevere qualche signore robusto, sui quarant'anni. Le diceva: "Vorrei un abito da signora sgenata e pronta a peccare. È un regalo che vorrei fare a una madamina che ha le mie stesse misure".

«La sarta capiva al volo che l'abito da porcella era per il signore. Però non stava a indagare o a discutere. Cuciva il vestito richiesto e presentava un conto più alto del solito. Nel rifugio della Marchesa si vedevano sempre due di questi giacufumna, una coppia molto legata che non si vergognava di presentarsi come fossero marito e moglie.»

«Perché non me li descrivi?» suggerì Carlotta. «Come giornalista, ti sei fatto un nome anche per la capacità di tratteggiare i personaggi dei tuoi articoli. Fa' conto di scrivere.»

«Ci provo. Uno di loro indossava abiti da maschio: giacca, pantaloni, cravatta. L'altro scendeva nel ricovero con i bigodini in testa, una veste da camera degna di una sciantosa, il viso truccato con cura, le labbra coperte di rossetto. Era lui il più sfacciato dei due. Senza curarsi delle bombe, faceva l'occhiolino ai maschi giovani. E qualche volta li provocava, esclamando: "Bella gioia, non passeresti un paio d'ore con me? Ti garantisco un servizio completo e a buon mercato". Si sapeva che i clienti non gli mancavano.»

«Ma i gay pronti a offrirsi, dove esercitavano?» domandò Carlotta. «Se non sbaglio, il regime di Mussolini considerava gli omosessuali dei nemici della patria fascista. Invece di fare figli, si trastullavano con altri maschi…»

«È così» convenne Paolo. «Però non dimenticare che anche tra i fascisti c'erano i gay, sia pure molto nascosti. Se ne individuavi qualcuno e ti mettevi sotto la sua protezione, concedendoti senza pretendere nulla in cambio, era fatta. Potevi lavorare in casa, ricevere chi ti piaceva e non rischiavi niente. Nella nostra piccola città, se non ricordo male, ci fu un solo incidente…»

«Racconta, racconta» insistette la ragazza.

«Va bene, ascolta. Da noi emerse un solo scandalo. Un ufficiale della Milizia si era invaghito di un giovanotto sensibile alla sua corte. Aveva una trentina d'anni, il moroso tra i diciotto e i venti. La loro storia andò avanti a lungo. L'ufficiale era la femmina della coppia, amava travestirsi da madama e quasi ogni giorno si recava di nascosto a casa del suo ganzo. Ma una volta si rese conto che nessuno gli apriva la porta. Infuriato, si fece largo a spallate e trovò il moroso a letto con il comandante dei vigili urbani della città. Andò in tilt, impugnò la rivoltella d'ordinanza, uccise il vigile, poi puntò l'arma sul ragazzo e infine si sparò un colpo in fronte.»

Tra i personaggi nel rifugio della Marchesa c'era anche Carmelina. Paolo la ricordava bene. Una ragazza procace sui vent'anni, che era stata l'amante di un sottufficiale della Guardia repubblicana, la famosa Gnr. La loro storia d'amore e di sesso si era conclusa in malo modo. Una sera del dicembre 1943, mentre lasciava fischiettando il quartierino della ragazza, il sottufficiale si era imbattuto in una pessima sorpresa: un ribelle lo aspettava all'uscita e l'aveva fatto secco con tre colpi di revolver.

Da quel momento la ragazza si considerava una vedova di guerra. Ma non potendo contare su nessuna pensione, aveva mostrato la furbizia di inventarsi un mestiere proibito, però utile per campare. Arrivava al rifugio vestita e truccata come se dovesse presentarsi a una festa, se si escludeva un particolare: non indossava le mutande. E mostrava le sue doti grazie alla gonna corta e sempre sospinta in alto.

La Carmelina andava a caccia di ammiratori anziani e provvisti di un po' di denaro. Aveva fatto girare la voce di essere pronta a lasciarsi accarezzare il suo boschetto in cambio di un piccolo compenso. Sembrava un commercio destinato a fallire. In realtà non andò così.

A molti maschi non sembrava vero di potersi baloccare con una ventenne. E gli avventori non le mancavano. Qualche signora protestava: «Mandate via dal rifugio questa strusona! Disonora noi donne oneste!». Ma subito si alzava a difenderla qualche maschio: «È roba sua e può farne quello che vuole!».

Andò a finire che un vedovo sui sessanta si prese in carico la Carmelina. Dopo qualche toccatina nel rifugio, gli venne il desiderio di un rapporto più intimo. Convinse la ragazzaccia ad andare a vivere con lui. E da quel momento nessuno dei due si fece più vedere nel sotterraneo del palazzo della Marchesa.

La loro storia d'amore e di sesso ebbe un finale imprevisto. Nei giorni della Liberazione, qualcuno si ricordò che Carmelina era stata l'amante di un sottufficiale della Guardia nazionale repubblicana. E andò ad arrestarla.

Dopo una settimana trascorsa nella piccola prigione di via Leardi, la Carmelina finì nel corteo delle donne fasciste destinate a essere rapate in piazza. Bisogna riconoscere che affrontò la rasatura senza battere ciglio. Poi riprese il mestiere di sempre: la strusona a pagamento.

Le vicine di casa ringhiavano: «Quella è un'asola per tutti i bottoni!». Nel traffico in entrata e in uscita dal suo alloggio, s'imbatté in un partigiano che l'aveva notata durante la cerimonia del taglio dei capelli. Si invaghì di lei e finirono per sposarsi. La Carmelina mise al mondo una figlia bellissima. E quando mostrava la sua bambina a qualcuno, spiegava: «È come l'Italia, mezza fascista e mezza partigiana».

6
Sacrificio

«Tu accusi la nostra generazione di ignoranza» esordì una mattina Carlotta. «E riconosco che hai ragione. Molti di noi non sanno neppure che cosa sia stata la deportazione degli ebrei. Anch'io non sono da meno. Ti prego, parlamene alla tua maniera. Schietta e senza reticenze.»

«Lo sterminio degli ebrei non fu soltanto una spaventosa esplosione di ferocia nell'Europa degli anni Quaranta» disse Paolo. «Rivelò anche una quantità di storie a volte segnate dall'odio razziale e, più ancora, dall'indifferenza di tanti testimoni dei rastrellamenti compiuti dai tedeschi e dai fascisti. Io non avevo ancora fatto i nove anni quando i poliziotti fascisti cominciarono a catturare gli ebrei della nostra città. E in seguito mi sono rivolto una domanda che non ha ancora trovato risposta...

«Quando sono cresciuto e ho imparato sui libri di storia la ferocia delle deportazioni, non ho potuto fare a meno di ricordarmi che anche nella mia famiglia non era stata spesa una parola per le vittime di quell'inferno. La sincerità mi obbliga a riconoscere di non aver mai sentito mio padre e mia madre raccontarsi quanto stava avvenendo a poca distanza dalla porta di casa nostra.»

«E che spiegazione ti sei dato per giustificare questo silenzio?» domandò Carlotta.

«Nessuna. Anche se il ghetto cittadino esisteva da sempre alle spalle di via Roma, ossia a non più di qualche centinaia di metri dalla modisteria della mamma» raccontò Paolo. «Non mancava una splendida sinagoga dove venivano custoditi molti documenti antichi e arredi preziosi.

«Anche la sinagoga subì l'oltraggio di più incursioni vandaliche. Ma tutto avveniva come se le deportazioni fossero opera di extraterrestri. E devo ammettere che, se quella mostruosità si ripetesse oggi, il silenzio sarebbe lo stesso, se non più cupo e totale. Purtroppo devo riconoscere una verità difficile da accettare: appartiene alla natura umana l'egoismo che ci spinge ad aver cura soltanto della propria sorte, come se fossimo gli unici abitanti del pianeta.»

«La penso anch'io come te» mormorò Carlotta. «E le tue parole mi danno i brividi.»

Paolo continuò: «Tuttavia anche in quei mesi di orrore non mancarono sprazzi di luce, qualche gesto di solidarietà e di amore per il prossimo. E adesso ti racconterò una storia che quasi nessuno conosce».

Savina T. era un'antiquaria cinquantacinquenne. Una single stagionata o una zitella attempata, come si diceva in passato, molto vicina alla barriera che separa la maturità dall'età anziana. Alta, robusta, autoritaria ed ebrea, possedeva un negozio bene avviato nel centro della città.

Lo conduceva con l'aiuto di una commessa di venticinque anni che lavorava con lei da quando era ancora minorenne. La ragazza si chiamava Antonia, detta Toni. E, a differenza della padrona, era cattolica. Aveva ricevuto il battesimo e la cresima, ma della religione le importava poco o niente.

L'unica vera passione di Antonia era Savina, la sua padrona. L'antiquaria non aveva tardato a scoprire che entrambe nascondevano gli stessi gusti. La padrona se ne rese conto una sera, al momento di cambiarsi l'abito prima di chiudere il negozio. Mentre si stava spogliando, si accorse che la commessa la osservava con un interesse speciale. E le domandò: «Perché mi guardi in quel modo strano? Mi mandi in confusione...».

Arrossendo l'Antonia rispose: «La guardo perché lei mi piace, signora». Savina finse di scandalizzarsi: «Come può piacerti una donna che ha più di cinquant'anni? Lo capirei se io fossi una trentenne impudica, che vuole provocare una ragazza più giovane».

La commessa replicò: «In certi casi l'età non conta nulla. Lei mi piace per la sensazione di sicurezza che sono certa proverò quando mi terrà tra le braccia e si lascerà baciare da me».

L'antiquaria sentì il desiderio di mettere alla prova la commessa: «Tu sei molto giovane, non conosco come sei fatta, ma devi avere un corpo molto meno stropicciato del mio. Sei davvero certa di volermi vedere patanuta?».

L'Antonia annuì: «Sì. La considero la donna più

bella che ho incontrato. I giovanotti non mi interessano, le signore come lei sì».

«E che cosa vorresti da me?» le chiese Savina. Sembrava tranquilla, ma aveva il cuore che batteva all'impazzata.

«Vorrei restare a dormire con lei, a cominciare da questa sera» rispose con semplicità la commessa.

Allora la padrona la invitò: «Vieni vicino a me». Poi l'afferrò e la baciò a lungo, con un ardore che sorprese anche lei. Quindi iniziò ad accarezzarla sotto la gonna. Trovò la strada per arrivare alle mutandine della ragazza. E le sussurrò: «Vedo che sei già pronta a offrirti».

Quella sera, Savina condusse Antonia a casa sua. L'antiquaria abitava da sola in un grande appartamento che si affacciava sul ghetto cittadino, l'antica Contrada degli Ebrei. Cenarono insieme chiacchierando del più e del meno, poi Savina chiese alla commessa: «Sei proprio sicura di passare la notte nel mio letto?».

L'Antonia non ebbe esitazioni: «Sono felice che lei me l'abbia chiesto. Aspettavo da mesi questo momento. Io mi sento pronta».

Fu la loro prima notte d'amore. Al momento di dare inizio alle danze, l'antiquaria domandò alla commessa: «Sei mai stata con un uomo?». L'Antonia scosse il capo: «Mai. Ho avuto un paio di corteggiatori, però mi dava il vomito l'idea di accoppiarmi con loro».

«E hai già fatto l'amore con una donna?»

«Neppure. Ho sempre desiderato provarci, ma non sapevo decidermi.»

Allora Savina disse alla ragazza: «Quindi io sono il tuo primo fidanzato. Posso confessarti come mi sento? Come un maschio che si è appena sposato e si trova alle prese con una moglie ancora vergine. Certi matrimoni saltano dopo una prima notte in bianco. Però a noi non succederà. Se hai un po' di timore, confessalo subito. E io ti lascerò ritornare a casa. Ma se decidi di rimanere, non ti scorderai più di questo nostro primo incontro».

L'intesa tra le due donne divenne completa e piena di passione. Savina era il maschio della coppia. Raccontò ad Antonia: «Quando avevo la tua età, i miei genitori volevano che sposassi un ragazzo ebreo come me. Mi sono rifiutata di farlo e da quel momento sono passata da un amore all'altro. Sempre con donne. Una professoressa di matematica del liceo cittadino. Un'impiegata dell'Eternit. Una puttana che si era stancata di concedersi ai maschi.

«Ma la mia esperienza più forte l'ho vissuta andando a letto con la comandante delle donne fasciste della città. Il regime di Mussolini stava varando le leggi razziali contro gli ebrei. Però lei aveva perso la testa per me. Siamo state una coppia di amanti sempre eccitate. Lei aveva cinquant'anni e l'energia di tre facchini. Purtroppo si è scoperta un brutto male. E nel giro di qualche mese è andata all'altro mondo. Dopo non ho più avuto rapporti con altre donne. La prima sei tu!».

Il corpo di Antonia era davvero come Savina l'aveva immaginato. Quasi giunonico. Con un seno grande, ma sodo. Il ventre soffice. Le cosce possenti. Un sesso caldo e umido, pronto a offrirsi. Però a mandare in estasi l'antiquaria era la remissività della ragazza. Obbediva come una soldatessa agli ordini di un ufficiale esigente. Quando l'antiquaria le comandava: «Immagina di essere una puttana senza vergogna e mai stanca di andare in orgasmo», la commessa recitava alla perfezione la parte che le era stata assegnata.

La storia di Savina e Antonia proseguì immutata anche quando l'Italia entrò in guerra. Il negozio d'antiquariato prosperava poiché i ricchi della città s'illudevano di investire il denaro comprando mobili, quadri e oggetti di valore. Savina ne approfittò per aiutare diversi ebrei che avevano perso il lavoro o si erano visti cacciare dagli impieghi pubblici. Quindi arrivò l'armistizio e l'occupazione tedesca. E infine, all'inizio del 1944, cominciarono le deportazioni degli israeliti.

Savina sperò di cavarsela perché tra i suoi clienti c'erano parecchi pezzi grossi del fascismo cittadino. Ma comprese presto che, prima o poi, sarebbe toccato anche a lei. Antonia le suggerì di nascondersi in un paesino del Comasco per poi tentare di espatriare in Svizzera. Però l'antiquaria decise di restare in città. E un giorno del febbraio 1944 bussarono alla sua porta due poliziotti del commissariato. Dissero: «Voi siete ebree e dovete venire con noi nel carcere di via Leardi».

Savina rispose: «Io sono ebrea, però la mia commessa no, lei è cattolica». Ma l'Antonia si fece avanti: «Anch'io sono ebrea. Portatemi via insieme alla mia padrona».

Le due donne rimasero per una decina di giorni nella prigione cittadina, poi vennero fatte salire con altri ebrei su un treno che le trasferì al campo di Fossoli in provincia di Modena. Qui era stato allestito un lager di passaggio prima della deportazione in Germania.

Il caso volle che tra i militi fascisti di guardia ci fosse anche un ragazzo della loro città. Savina lo riconobbe subito perché da civile lavorava come manovale in un'impresa di traslochi che serviva pure il suo negozio.

L'antiquaria lo prese in disparte e gli disse: «La ragazza che mi accompagna non è ebrea, lavorava con me da commessa, mi ha seguita soltanto perché mi vuole bene e non aveva il cuore di lasciarmi sola. Se l'aiuti a fuggire ti darò un gioiello che vale migliaia di lire. Eccolo».

Si tolse una scarpa, uno zatterone con l'alta suola di sughero, e mostrò l'anello al milite. Poi aggiunse: «Quando la farai uscire da Fossoli, lei te lo consegnerà».

L'Antonia non voleva staccarsi dalla padrona. Pianse e si disperò per giorni. Ma Savina la costrinse a fuggire. Lei fu deportata al campo di sterminio di Auschwitz e subito uccisa perché ritenuta anziana e inadatta ai lavori pesanti. La commessa invece si salvò.

Dopo la fine della guerra, incontrò il milite che l'aveva aiutata. Il ragazzo le riconsegnò l'anello, il simbolo del sacrificio di Savina. Poi le propose di sposarsi. Però Antonia si rifiutò di diventare sua moglie. Trovò un altro lavoro da commessa e un'altra padrona da servire.

7
Un aprile da dimenticare

«E poi la guerra finì. Per noi giovani in fondo il 25 aprile è una data qualunque. Tu invece che cosa rammenti di più di quel giorno del 1945?» domandò Carlotta a Paolo.

Lui non ebbe esitazioni: «La rapatura delle donne fasciste in piazza».

La ragazza gli sorrise: «Ci avrei scommesso. La mamma, che è una lettrice accanita di tutti i tuoi libri e ti conosce bene, mi aveva già avvertita che hai sempre mostrato una passione profonda per il nostro sesso. Una passione vera, senza limiti, nei confronti di qualsiasi donna ti attraesse. Posso domandarti da dove ti deriva? Ammesso che tu lo sappia...».

«Certo che puoi chiedermelo. Ti ho pregato di assistermi nella stesura di questo libro perché sapevo che sei una ragazza molto curiosa e tanto schietta da non evitare le domande imbarazzanti. La mia risposta è di una semplicità che potrebbe stupirti. Mi viene dalla passione che, fin da piccolo, ho nutrito per mia madre. Era una donna sui quarant'anni, bella e sempre elegante. Doveva esserlo perché lavorava come sarta e possedeva una modisteria.

«Da bambino la osservavo ogni mattina mentre si vestiva per poi andare ad aprire il negozio. Era formosa. Seno abbondante, gambe forti, caviglie sottili, fianchi da cavalla, un lato B da perderci la testa. Nel prepararsi si dimenava come un'odalisca. Soprattutto per indossare il busto con le stecche di balena che faceva risaltare il seno. Ma il momento che aspettavo con maggior trepidazione era quello del trucco. La mamma si colorava le labbra usando senza risparmio il rossetto. Preferiva le tonalità forti. E metteva molta cura nel disegnare il profilo della bocca...»

«Fermati!» strillò Carlotta. «Stai descrivendo tua madre come se fosse una donna da conquistare e poi da portare a letto. E non tirarmi in ballo il complesso di Edipo, per favore. Raccontami invece delle fasciste che hai visto in piazza, pronte per essere rapate...»

Paolo le disse: «Erano una dozzina, di tutte le età: ventenni e signore mature. Riconobbi subito una delle profughe fasciste arrivate in città dalla Toscana, verso la fine del 1944. Erano mogli o figlie di esponenti della Repubblica sociale costrette a lasciare le loro case sotto l'avanzata dei reparti angloamericani. Le avevano sistemate in un hotel della città, il Leon d'Oro, di fronte alla modisteria di mia madre. Andavano spesso a trovarla e le rivolgevano domande alle quali lei non sapeva rispondere. Che cosa ci accadrà? I partigiani comunisti ci uccideranno? Dove potremo nasconderci?

«Soltanto una di loro era stata catturata nei giorni della Liberazione. L'avevano rinchiusa nel carcere di via Leardi. Era una prigione piccola, da dove si poteva fuggire. Tanti anni dopo, una militante delle

Brigate rosse, Mara Cagol, irruppe in quel carcere e si portò via il moroso, Renato Curcio. Ma alla fine dell'aprile 1945 nessuno dei fascisti catturati dai partigiani si azzardò a evadere. Del resto non avrebbero saputo dove trovare un rifugio».

Paolo spiegò a Carlotta che la cerimonia della rapatura fu uno spettacolo violento per chi la subì e al tempo stesso umiliante per chi vi assisteva. I capelli delle fasciste venivano tagliati da un partigiano che sembrava godere nello straziare la nuca di quelle donne. Tutte avevano il viso coperto di sangue. Ma nessuna di loro pianse o si lamentò. Soltanto la più giovane, una ragazza sui vent'anni, svenne e si accasciò sul palco. In seguito si venne a sapere che era incinta di un ufficiale tedesco.

La più tranquilla fu un'ausiliaria della Divisione Monterosa che aveva un bambino di un anno o poco più. Non sapendo a chi affidarlo, se lo era portato sul palco. Lo tenne in braccio anche quando la tosavano. Il piccolo scoprì un nuovo gioco: afferrare le ciocche di capelli della mamma che gli cadevano addosso. Quando riusciva a prenderne una, la mostrava alla folla che replicava con urla belluine.

Paolo confessò: «Io ero andato in piazza spinto dalla mia precoce curiosità. E le donne tosate non mi suscitavano nessuna ostilità. Pensai che non fossero diverse dalle vittime di un bombardamento angloamericano. Era toccata a loro. Ma se la guerra fosse stata vinta da Hitler e da Mussolini ci sarebbero state altre donne su quel palco, insieme a bambini figli di padri diversi. Subito dopo si iniziò a sentir parlare di fascisti giustiziati dai partigiani. Non erano stati catturati dopo un ultimo combattimento per la semplice ragione che nei giorni della Liberazione in città non si era vista nessuna sparatoria. Si erano arresi nella speranza di salvare la pelle. Vennero invece rinchiusi in gabbioni di legno, portati da una colonna di trattori agricoli sino alla riva del Po. E qui uccisi con colpi di rivoltella alla nuca o raffiche di mitragliatori».

La stessa fine toccò a un maggiore dell'esercito tedesco che comandava il reparto cittadino. Venne ritenuto responsabile di una rappresaglia che, nel paese di Villadeati, aveva visto uccidere il parroco e una dozzina di ostaggi, tutti contadini del posto. Il maggiore fu condotto sulla piazza dell'eccidio e passato per le armi.

L'ultimo atto di quel caotico 25 aprile fu l'inizio dei processi ai fascisti ancora in vita. Cominciarono subito nel palazzotto della Corte d'Assise, dinanzi a un tribunale straordinario composto da comandanti partigiani. Su tutti gli imputati cadde una pioggia di condanne a molti anni di carcere e qualcuna anche a morte. Di loro non si seppe più nulla. Ma in seguito si scoprì che erano presto ritornati in libertà.

Uno dei processi che la città attendeva di vedere riguardava una donna: Gina R., una trentenne che faceva la parrucchiera per signore. Nei primi anni Quaranta era un personaggio che nel dialetto monferrino-vercellese veniva chiamato «pentnoira».

Lavorava in casa usando le povere attrezzature di

allora, a cominciare dai ferri caldi per arricciare i capelli delle clienti. Fare la pettinatrice nel proprio alloggio, in una piccola sala da pranzo o addirittura in cucina, non era per niente comodo. Tuttavia creava una complicità che nei negozi venuti dopo sarebbe stata meno frequente.

Tra la cliente seduta su una poltroncina da quattro soldi e la pettinatrice in piedi alle sue spalle si stabiliva una confidenza spesso profonda. La cliente, giovane o matura che fosse, si sentiva in un confessionale. E apriva alla pentnoira lo scrigno dei propri segreti. I dispiaceri, le gioie o le tristezze d'amore, i guai in famiglia, le passioni corrisposte o senza esito, le speranze o le delusioni, l'ira che poteva accendersi verso chi veniva ritenuto responsabile di qualche torto da ricordare in privato. Anche quando si trattava di un parente, un marito, un fidanzato.

Non di rado la chiacchiera riguardava altre persone, conosciute tanto dalla cliente che dalla pentnoira. Allora si entrava in un territorio minato, quello del pettegolezzo pesante. Uno sfizio che poteva avere conseguenze impreviste e pericolose, soprattutto in un'epoca dove la vita e la morte, oppure la libertà e la cattura, si collocavano su frontiere molto sottili.

Accadde così a Gina. Una single dall'avvenenza sbirola, stramba. Né bella né brutta, mora di capelli, magra, il petto sodo, ma niente di più. Però con gambe forti e caviglie elastiche e resistenti. Dettagli da non trascurare, visto che le gambe delle parrucchiere debbono essere adatte alla fatica di lavorare sempre in piedi. Spesso per parecchie ore al giorno.

Della Gina le clienti sapevano che aveva sempre stravisto per Mussolini. Mentre si prendeva cura dei loro capelli, ascoltava i discorsi del Duce trasmessi dalla radio. Qualcuna delle signore protestava perché avrebbe preferito le canzoni di Alberto Rabagliati o del Trio Lescano. Ma la parrucchiera replicava: «Qui siete in casa mia e decido io il programma che voglio sentire!».

I suoi due fratelli maggiori erano stati squadristi al seguito del famoso comandante Passerone e dopo l'8 settembre 1943, benché al di là della quarantina, si erano arruolati nella Guardia nazionale repubblicana. Dopo la Liberazione avevano saputo sfuggire alle vendette dei vincitori tagliando la corda in Spagna, a quell'epoca governata da un dittatore di destra: il generalissimo Franco.

In città era rimasta la Gina. A parte la passione per Mussolini, durante la guerra civile si era limitata a fare una permanente dopo l'altra. Dunque non aveva motivo di nascondersi o di fuggire. E invece venne arrestata dalla polizia partigiana. L'accusa era di aver fatto la spia per i fascisti e i tedeschi, provocando la deportazione e la morte di non pochi antifascisti.

Nel giugno 1945, la Gina venne processata dinanzi al Tribunale straordinario di guerra. Era l'ultima udienza della corte. Il collegio che la giudicava era costituito da comandanti partigiani, tutti maldisposti nei suoi confronti. Ma il tribunale doveva rispettare un minimo di regole. E le concesse di presentarsi alla sbarra assistita da un avvocato.

Lei scelse un giovane penalista, Antonio Z., figlio di

una sua cliente. Come la pettinatrice, aveva trent'anni e un carattere molto battagliero. Prima che iniziassero le udienze, volle conoscere nei dettagli le imputazioni a carico della Gina. Ma nel caos di quell'epoca nessuno seppe dirgliele. Si limitarono all'accusa generica che la pettinatrice aveva denunciato degli antifascisti che poi erano stati fucilati o spediti in qualche lager nazista. Il penalista chiese i nomi di queste presunte vittime. E si sentì replicare che forse sarebbero stati fatti nel corso del dibattimento.

L'avvocato andò nel carcere di via Leardi a trovare la Gina. Scoprì che aveva ancora i segni delle botte ricevute durante la cattura. Per di più le avevano tagliato i capelli. In compenso, le era rimasta la verve di sempre. Disse al difensore: «I comunisti sono dei pessimi parrucchieri. Se avessi conciato così una cliente, avrei dovuto chiudere bottega!».

Il giovane penalista le spiegò: «Le accuse contro di lei sono molto vaghe. L'unica strategia utile per noi può essere quella di dimostrare che, pur essendo al corrente di segreti che riguardavano personaggi dell'antifascismo clandestino di questa città, lei non li ha mai denunciati. Tanto è vero che sono tutti vivi e vegeti. È in grado di farmi qualche nome?».

La Gina, pur essendo spaventata per il processo, non aveva perso la calma e rispose all'avvocato: «Certo, ne conosco più di uno. Tra le mie clienti c'erano anche signore di famiglie in vista nella borghesia cittadina. Conoscevano i segreti di mezzo mondo. Nel fargli la messa in piega, mi hanno raccontato cose turche. Le ricordo bene. E non ho dimenticato i dettagli delle storie che mi confidavano. Con i nomi e i cognomi di furbastri che oggi occupano le prime file dei vincitori. E adesso questi sepolcri imbiancati si vantano di un passato senza macchie...».

L'avvocato Z. era un giovanotto che sapeva come muoversi in un processo tanto delicato. E disse alla Gina: «Mi descriva quello che sa sul loro conto. In questo modo, quando verrà interrogata da me, le chiederò di rivelarlo al tribunale di guerra. Così risulterà chiaro che non ha denunciato nessuno».

La pettinatrice non esitò. Ordinò all'avvocato: «Scriva quello che adesso le dirò. Quando sarò davanti a questo tribunale, lo ripeterò per filo e per segno ai giudici. E allora ci sarà da ridere o da piangere!».

I fatti rivelati dalla Gina nell'aula della vecchia Corte d'Assise destarono un clamore inaspettato. Il primo riguardava un prete partigiano bianco, un eroe della Resistenza cattolica. Di lui si raccontava che si era dato alla macchia nell'estate del 1944 ed era rimasto sempre lontano dalla città perché colpito da un mandato di cattura emesso dal comando tedesco.

La parrucchiera raccontò: «Per la verità, questo prete veniva in città di notte almeno una volta alla settimana, vestito in borghese. Voleva incontrare il suo moroso, un ragazzo della Brigata nera. Si vedevano in segreto nella legnaia del seminario e qui se la spassavano senza problemi».

L'avvocato Z. le domandò: «Chi può confermare

questa storia?». La Gina rispose: «La perpetua del canonico del Duomo. È una mia cliente. Mi ha riferito lei la tresca del prete e del brigatista. Era scandalizzata dal comportamento del sacerdote. Si era innamorato di un maschietto, e fin lì si poteva perdonarlo perché alla natura non si comanda. Ma riteneva immorale che si divertissero in un locale del seminario».

Il penalista chiese alla Gina: «Non ha pensato di informare di questa storia il fascio cittadino?». La pettinatrice alzò le spalle: «Per niente. Avrebbero subito arrestato il prete partigiano. In fondo si divertiva con il suo ganzo. E non pretendeva di farlo nel mio letto».

Il secondo caso riguardava un primario medico che rappresentava i liberali nel Comitato di Liberazione. Era un signore sui sessant'anni, sposato, con una figlia. Aveva la fama del donnaiolo e infatti stravedeva per una giovane infermiera dell'ospedale. Si incontravano una sera sì e l'altra no in un alloggetto dell'Oltreponte. Un giorno la ragazza lo avvisò di essere incinta. Ma il medico risolse il problema con un aborto. E i due amanti seguitarono a vedersi. «Forse la loro tresca continua ancora oggi» osservò la Gina.

«Chi le ha raccontato la storia?» domandò il difensore. Sicura di se stessa, la parrucchiera rivelò: «La figlia del primario, mia cliente. Era disgustata dal comportamento del paparino. E il giorno che parlammo dei maschi che tradiscono le mogliere, lei non si trattenne e mi confidò che anche suo padre era un porco che metteva le corna alla mamma».

Il terzo caso era quello di un ispettore delle Brigate

Garibaldi, un comunista duro e puro. Sembrava un monaco rosso, dedito anima e corpo alla guerra partigiana. Ma anche lui aveva un difetto: era un maniaco del gioco d'azzardo. E una volta alla settimana scendeva in città per frequentare una bisca clandestina. In compagnia di altri drogati del poker passava la notte in un appartamento del viale che porta alla stazione. E rimaneva lì sino all'alba, puntando i soldi che il partito gli consegnava per le necessità delle bande che dipendevano da lui.

Il penalista domandò di nuovo alla Gina chi le avesse raccontato del vizio di quel comunista. La parrucchiera non esitò: «La portiera dello stabile dove c'era la bisca. I giocatori le stavano sulle croste. La obbligavano a rimanere sveglia tutta la notte. Ed erano con il braccino tanto corto che non le hanno mai sganciato una mancia».

L'ultimo caso si rivelò il più imbarazzante. Il protagonista era un democristiano importante, in predicato di diventare il numero uno del partito in città e poi di essere eletto deputato nelle prime votazioni del dopoguerra. Era un tipo sempre avido di denaro che aveva messo su un traffico molto speciale per due motivi.

Per cominciare il suo socio era un ufficiale tedesco del comando di Valenza, da dove partivano parecchi dei rastrellamenti destinati ad annientare i partigiani dei territori circostanti. Il secondo, persino più grave, era che il traffico riguardava una merce che scottava: morfina, cocaina, eroina. La base di questo smercio stava nel vecchio ghetto della città, ripulito di tutti gli ebrei razziati e spediti nelle camere a gas di Auschwitz.

Il racconto della Gina suscitò le urla belluine del pubblico che assisteva al processo. Il Tribunale di guerra le domandò chi le avesse raccontato quella storia che appariva inverosimile. E la pettinatrice rispose con calma: «La moglie del trafficante democristiano. Anche lei è una mia cliente. Ed era tanto nauseata dal comportamento del marito da volersi separare. Se deciderete di interrogarla, questo è il suo nome e questo l'indirizzo».

A quel punto il Tribunale di guerra, allarmato per le conseguenze del processo, decise che la deposizione dell'imputata poteva dirsi conclusa. I giudici si riunirono in camera di consiglio e dieci minuti dopo comunicarono la sentenza: la pettinatrice veniva assolta e scarcerata.

Quel che accadde dopo stava già scritto nelle stelle, come si legge nei romanzi rosa. La Gina cominciò a guardare con occhi diversi il giovane avvocato che l'aveva salvata dal plotone d'esecuzione. Gli domandò a quanto ammontava la sua parcella. Antonio Z. le rispose: «Il conto è presto fatto: zero lire. Sono io che devo ringraziarla. Il suo era il primo processo importante che mi capitava. Ho imparato di più in questi pochi giorni che negli anni di università!».

La Gina lo ascoltò sbalordita. Poi mise in mostra tutto il suo carattere. Esclamò: «Cribbio, non può finire così!». Quella sera stessa invitò l'avvocato nel suo alloggio al rione del Valentino e andò a finire com'è facile immaginare. Dopo quella prima volta, ne seguirono altre. Erano due trentenni fatti per intendersi, sotto le lenzuola e fuori. L'anno successivo si sposarono.

La Gina smise di fare la pentnoira e divenne la moglie dell'avvocato, conservando per parecchi anni la sua bellezza sbirola. Mise al mondo due figli. E si prese cura del penalista, ormai avviato a una carriera brillante, come nessun'altra donna avrebbe saputo fare.

8
Povertà

«Tu non hai vissuto il dopoguerra» spiegò Paolo a Carlotta. «Dunque non puoi neppure immaginare che stagione orrenda sia stata. Molti credevano che l'Italia sarebbe ritornata, sia pure con lentezza, a un'epoca di normalità. Di certo povera, però non più imbrattata di sangue. Invece il tempo della ferocia non era per niente concluso. Io stesso me ne resi conto parecchi anni dopo. Grazie ai racconti che molti stavano facendo, sia pure soltanto in famiglia.»

«Immagino che tu voglia affidarmene uno» osservò la ragazza.

«Sì, il protagonista di questa storia era un nostro lontano cugino, il dottor Evasio R., un signore di cinquant'anni che possedeva la più importante farmacia della città. Nella mia frenesia di raccogliere le storie della guerra civile, avevo trascritto quello che lui mi aveva narrato. E adesso lo consegno a te.»

«Sono Carlo, figlio di Accornero il capomastro. Si ricorda di me?» Il dottor Evasio scrutò con attenzione il giovanotto entrato nella farmacia, poi scosse la testa: «Di te no, ma di tuo padre sì. Con una squadra di muratori mi aveva rimesso a nuovo una cascina ereditata da una zia. È un capomastro molto bravo e di grande onestà. So che abitava qui in città, con la moglie e i figli, ma non l'ho più visto. Che cosa fa oggi?».

«Non fa più niente. È morto al fronte, in Grecia, da soldato semplice» rispose Carlo. «Secondo l'esercito è un disperso in guerra, ma sappiamo tutti che disperso vuol dire caduto. Da quel momento le disgrazie hanno preso di mira la nostra famiglia. E io sono venuto a trovarla per avere un consiglio su quanto mi resta da fare.»

Il farmacista osservò di nuovo il ragazzo. Aveva l'aria del disperato ed era davvero male in arnese. Tutto pelle e ossa, vestito di un abito unto e bisunto, la barba non fatta, il volto sparuto che da solo testimoniava una vita difficile e senza molte speranze. A salvarsi era soltanto lo sguardo: risentito, però non sconfitto, anzi con lampi di fierezza quasi cattiva, di chi si sente obbligato a sfidare il mondo.

Il dottor Evasio lo condusse nel retro della farmacia e, com'era solito fare, iniziò a interrogarlo. Carlo aveva diciotto anni ed era il primo figlio del capomastro, nato quando il padre Giuseppe e la madre Teresa erano giovanissimi e sposati da poco. Dopo di lui, la coppia aveva messo al mondo una bambina, Clara, partorita nove anni dopo, nel 1935.

«Raccontami meglio che cosa è accaduto a tuo padre» lo invitò il farmacista.

«Nel 1941, a trentun anni, l'hanno richiamato alle armi, come soldato semplice del Genio. Quando è iniziata la guerra contro la Grecia, si è visto spedire al fronte. E lì è stato dato per disperso, così ci hanno fatto sapere. Soltanto questo e nient'altro.»

«E dopo, come siete andati avanti senza di lui?» chiese il dottor Evasio.

«Ma che domanda mi fa?» mormorò Carlo. «Male, molto male. La mamma ha ricevuto un sussidio statale, però era roba da poco. Con quello non si campava e abbiamo dovuto intaccare i pochi risparmi che papà aveva messo da parte. Io ho continuato a frequentare l'istituto tecnico per geometri, mentre la mamma è stata costretta a cercarsi un lavoro da serva in qualche famiglia benestante della città. Guadagnava quattro soldi e la sera ritornava a casa sfinita. Ma ad aspettarla c'eravamo mia sorella e io. Trovando la forza di sorridere, diceva: "Dobbiamo restare uniti e avere fiducia, qualche santo ci aiuterà".

«Purtroppo di santi non ne abbiamo visti. E anche il Padreterno si è dimenticato di noi» raccontò Carlo. «Al loro posto, si sono fatti vivi gli aerei americani. Come ricorda anche lei, ritornavano di continuo per distruggere i nostri due ponti sul Po. Un giorno dell'estate di un anno fa, sbagliarono mira un'altra volta. E distrussero molte abitazioni di via Saletta e di altre strade vicine.

«Una di queste era la nostra. Mentre cadevano le bombe, la mamma stava al lavoro in un altro quartiere, mia sorella era all'asilo delle suore salesiane e io all'oratorio. Così ci siamo salvati, ma abbiamo perso tutto. L'alloggio l'aveva sistemato per bene mio padre prima di andare a combattere in Grecia. Era di cinque stanze: la cucina, un salottino, tre camere da letto e un bagno interno. Un lusso per noi. È scomparso tutto in un minuto sotto le bombe, insieme ai mobili, alla biancheria, agli abiti, ai miei libri.

«Da quel momento siamo vissuti dentro un incubo» continuò Carlo. «Di colpo siamo precipitati in una povertà che non avevamo mai conosciuto neppure nella nostra esistenza modesta. Insieme a molti altri sinistrati, abbiamo trovato ricovero nelle camerate di un collegio del centro, requisito per gli sfollati. Il municipio lo aveva attrezzato alla bell'e meglio. Ogni famiglia aveva a disposizione un piccolo spazio separato dagli altri con qualche coperta appesa a due corde. I letti mancavano. C'era soltanto un pagliericcio dove a malapena potevamo dormire in tre.»

«Per quanto tempo siete rimasti lì?» domandò il farmacista.

«Un paio di mesi. La mamma non sopportava di vivere in quel modo. Le altre famiglie sinistrate litigavano di continuo. C'era una promiscuità fastidiosa. I servizi igienici erano pochi e sempre sporchi. Per usarli bisognava fare la fila. Mia sorella Clara era spaventata, temeva l'arrivo degli aerei pronti a bombardarci e la sera non riusciva a prendere sonno. Il cibo, cucinato da cuochi improvvisati, era scarso e cattivo.

«Allora mi decisi e andai a parlare con l'impresa edile dove mio padre aveva lavorato per anni. Il padrone non ci respinse e mi disse: "Potete stare in uno dei miei depositi, al fondo del magazzino troverete due vani, li darò a voi senza pretendere l'affitto".

«A novembre ci stabilimmo lì. Lo spazio era ristretto. Tre letti di fortuna, una stufa economica per scaldarsi e cucinare, il cesso nel cortile. È stato allora che ci siamo resi conto di essere ridotti all'ablativo. Una topaia per casa, niente soldi, poco da mangiare, quasi niente per vestirci.

«Qualche operaio dell'impresa veniva a trovarci, ma sempre a mani vuote. Anche loro erano alle prese con due guerre e stavano passando momenti davvero brutti. Ci parlavano sempre del papà, ma in questo modo rendevano più pesante il nostro magone. La mamma piangeva di continuo e si domandava che sorte avremmo avuto. Un giorno mi confidò: "Non ho più nemmeno la forza di pregare il Padreterno".

«L'ultimo inverno di guerra è stato terribile. Freddo, neve, gelo. Potevamo scaldarci con la stufa, però c'era ben poco da mettere sotto i denti. Ci siamo salvati dalla fame perché il parroco del rione aveva organizzato una mensa. Funzionava soltanto a mezzogiorno. Anche noi ci mettevamo in fila, con qualche pentola e delle gavette. Erano in tanti a trovarsi nella nostra condizione. La mamma guardava la propria gavetta e si angosciava. Diceva: "Siamo ai piedi di Cristo, ma lui non può occuparsi di troppi disgraziati".»

«Passammo il Natale più triste della nostra vita. In gennaio, quando ricominciò l'anno scolastico, mi presentai al preside dell'istituto tecnico per spiegargli che dovevo interrompere gli studi e cercarmi un lavoro. Mi dispiaceva molto rinunciare alla scuola, ma vi ero costretto per non far morire di fame la mamma e mia sorella. Lui mi trovò un posto da commesso presso un grossista di tessuti. La paga era molto scarsa, ma almeno mi dava l'illusione di essere utile alla mia famiglia.»

«Ti sei imbattuto nella guerra civile?» domandò il dottor Evasio.

«Sì, ma lì per lì non mi sembrò una faccenda importante» ammise Carlo. «La nostra guerra noi la combattevamo tutti i giorni per non morire di fame e di freddo. E non riuscivamo mai a vincerla. Poi un giorno di questo febbraio incontrai un capomastro che era stato amico di mio papà. Lui si rese conto che eravamo diventati dei derelitti. E mi diede un consiglio che non mi aspettavo e mi trovò impreparato.»

«Ti disse di andare con i partigiani» suggerì il dottor Evasio.

«Proprio così. Mi spiegò che sembravo più adulto dei miei diciassette anni e nessun comandante mi avrebbe rifiutato. La guerra stava per finire e tutte le formazioni volevano sembrare forti. Quel capomastro era un comunista. Mi scrisse un biglietto per il capo di una banda della Garibaldi. Aggiunse: "Vai con loro, mangerai tutti i giorni e troverai qualche aiuto per tua mamma e tua sorella".

«Mia madre non voleva lasciarmi partire. Ma ormai era esausta e non ebbe la costanza di opporsi. Del resto, quella banda delle Garibaldi si muoveva sulle colline vicine alla nostra città. E non mi sarei allontanato molto dal rifugio dei miei. Ci arrivai a piedi, scarpinando nella neve. Erano incerti se prendermi con loro, poi la lettera del capomastro li convinse.

«Quando il comandante seppe che ero uno studente, mi aggregò alla squadra degli esattori. Venivano chiamati così i partigiani incaricati di riscuotere le taglie imposte ai ricchi che non volevano contribuire alla guerra di Liberazione. Il comandante mi raccomandò: "Tieni ben aperti gli occhi e stai attento che gli esattori non rubino e non si comportino male con le donne di chi deve pagare".

«In quella squadra mi trovai bene. Gli esattori erano sbrigativi, ma quasi mai violenti. E lavorando insieme a loro imparai cose che non conoscevo.»

«Quali cose?» domandò il farmacista.

«Prima di tutto a usare la rivoltella e il fucile mitragliatore. Ma la lezione più importante fu un'altra. Era che le armi ti facevano sentire dalla parte della ragione. Il capo della banda ripeteva: "La ragione è dei più forti, le armi ci faranno vincere la guerra, per poi tentare la rivoluzione comunista".»

«Vi siete scontrati con i tedeschi o con i fascisti?» chiese il dottor Evasio.

«Né con gli uni né con gli altri. Gli esattori si limitavano a riscuotere le taglie. Nessuno rifiutava di pagare, i partigiani avevano delle facce che solo a vederle i ricchi se la facevano addosso. Il settanta per cento dei soldi andava al comando, il rimanente veniva diviso fra noi. Mi trovai fra le mani un bel gruzzolo. E attraverso il capomastro lo mandai a mia madre. Risultò l'unico vero aiuto che fui capace di procurarle.

«Quando la guerra è finita, sono ritornato al magazzino dove vivevano la mamma e mia sorella. Purtroppo mia madre si era ammalata. Soffriva di un'artrosi alle mani che le impediva persino di cucinare.

E poi c'era un'altra brutta novità: l'impresario che ci aveva ospitato non poteva più lasciarci il suo deposito. Il lavoro era ripreso e lui ne aveva bisogno.

«Ci indicò un cascinotto diroccato sul fianco di una collina e ci trasferimmo lì. Un paio di muratori mi aiutarono a rimetterlo in sesto. Ma anche un po' sistemato era una vera stamberga, somigliava più a una stalla che a un'abitazione. A parte qualche straccio per coprirci, l'unica ricchezza era la mia rivoltella con un bel po' di munizioni.

«Pensavo che la pistola non mi servisse più» confessò Carlo. «E invece mi tornò utile. Conobbi un tizio che faceva la borsa nera in grande stile, cercava un aiutante in grado di difenderlo dai concorrenti e, all'occorrenza, dalle sorprese dei carabinieri. Mi chiese di mostrargli come sapevo sparare. E quando capì che ero di mano svelta, mi prese subito al suo servizio. La paga non era granché, ma in compenso ero in grado di rifornire mia madre di viveri che non avremmo mai potuto acquistare.»

«Lavorando con lui ho capito che il dopoguerra poteva essere peggio della guerra» raccontò il ragazzo. «Vedevo in giro una povertà persino più brutta della nostra. Molti bambini erano denutriti, vestiti come mendicanti, senza scarpe, coperti di sporcizia. Parecchi di loro stavano tornando a essere analfabeti perché nei piccoli paesi le scuole elementari erano chiuse da tre anni. Ho incontrato ragazze che si prostituivano per mantenere la famiglia. Al contrario di quanto si pensa, non erano delle viziose: lo facevano perché si vedevano costrette a vendersi. I ricchi erano pochi, i miserabili come me tanti.

«All'inizio dell'estate, la sfortuna si accanì di nuovo su di noi» continuò Carlo. «La mia sorellina di nove anni si ammalò di difterite. Non aveva mai fatto nessun vaccino ed era molto denutrita. Morì nel giro di qualche settimana e la mamma impazzì. Diventò violenta e gridava che si sarebbe uccisa. Aveva appena trentacinque anni, ma sembrava una vecchia. Un medico inviato dal comune la visitò e disse che bisognava ricoverarla. La portarono all'ospedale di Alessandria e la rinchiusero nel padiglione dei matti.»

Carlo era esausto. Ma non aveva concluso il suo racconto. Disse al dottor Evasio: «Mi sono ritrovato da solo. Senza più un lavoro perché il borsanerista si era ritirato, ormai di soldi ne aveva incassati abbastanza. Non potevo contare su nessun parente e neppure su qualche amico. L'unico che mi tese la mano fu uno dei partigiani del gruppo degli esattori.

«Lo chiamavano "il Giusto" perché sosteneva che non c'era libertà senza giustizia sociale. Fu lui a cercarmi e mi disse: "Con qualche compagno ho messo insieme una banda che rapina i ricchi. È l'unico modo per fargli pagare la povertà di tanta gente. Ti ho conosciuto nella guerra partigiana, sei un ragazzo svelto di cervello e di mano. Devi venire con noi. Camperai bene e metterai da parte un sacco di soldi". Gli risposi che dovevo pensarci. La sua offerta è sempre valida. Ma sono venuto da lei, dottor Evasio, perché non so a chi altri chiedere consiglio».

Il farmacista sospirò: «Mi dai una bella responsabilità! Però la mia risposta è una sola: non intrupparti con quei violenti, esci dalla guerra e riprendi a studiare. Se hai bisogno di denaro, ci penserò io. Sono pronto ad aiutarti, tuo padre ne sarebbe stato contento».

Carlo esclamò: «Come posso uscire dalla guerra? Mi guardi, dottor Evasio. Sono ridotto in miseria. Non possiedo nulla. Non ho più niente tranne me stesso e la rivoltella. Mia madre è diventata pazza, forse morirà in manicomio e io non sono in grado di aiutarla. In che modo posso ritrovare la mia vita di prima?».

Il farmacista aveva sempre una risposta per qualsiasi domanda. Ma quel giorno non seppe dir nulla al ragazzo. Si limitò a pensare: "Ecco un altro prigioniero della guerra. Se non riesce a liberarsi da solo, nessuno può andare in suo soccorso".

Intristito, il dottor Evasio scrutò Carlo per l'ennesima volta. Non aveva ancora vent'anni e stava già ai margini dell'esistenza, un relitto che il mare in burrasca aveva sospinto sulla spiaggia.

Disse al ragazzo: «Per ora non decidere nulla. Posso trovarti un rifugio decente presso un amico che ha una grossa cascina e avrà di certo bisogno di un giovanotto in grado di difenderlo in quest'epoca da lupi. Per stasera, fermati a cena da me, poi dormirai nella stanza degli ospiti. E domani rifletteremo insieme sulla strada che ti conviene percorrere».

Carlo lo squadrò deluso, con un moto di stizza silenziosa. Poi replicò: «Non voglio più dipendere dalla carità del prossimo». Ringraziò il farmacista per averlo ascoltato con tanta pazienza e se ne andò.

Qualche mese dopo, il dottor Evasio avrebbe scoperto che Carlo, diventato un rapinatore, era stato ucciso in un conflitto a fuoco con i carabinieri. I medici del manicomio, con mille cautele, avvertirono la madre. Ma la signora Teresa Accornero viveva isolata in un mondo che soltanto lei conosceva. Rispose gridando: «Non ho mai avuto un figlio maschio. Questo Carlo non so chi sia!».

9
La mendicante

«Nella mia città i mendicanti c'erano sempre stati» raccontò Paolo a Carlotta. «Per non andare troppo all'indietro nel tempo e fermarci all'Ottocento, tra i molti poveri ne esistevano tanti ancora più poveri, costretti a cercare l'elemosina nelle strade. In quel tempo la società era divisa in classi separate da barriere insormontabili. I signori costituivano una minoranza, ma avevano in mano tutto il potere, sia pubblico che privato. Ai miserabili, come li chiamavano i primi socialisti, non restava che subire, senza neppure trovare la forza di protestare.

«Alla vigilia del Novecento il centro cittadino era gremito di case che potevano essere definite soltanto tuguri. Si affacciavano su vie strette dove non arrivava mai il sole. Le pareti degli alloggi erano coperte di una muffa verdastra, generata dall'umidità che bagnava i muri. I servizi igienici non esistevano. Ogni piano disponeva soltanto di un cesso collocato su uno dei balconi o sulla ringhiera, sempre sporco e invaso dall'odore nauseante dell'urina e delle feci.

«La promiscuità era la condizione normale per tante esistenze. In spazi ristretti convivevano vecchi, adulti e bambini. Il pudore era una virtù sconosciuta. Chi si ammalava diventava un recluso. E se per qualche ora si sentiva in grado di alzarsi da un giaciglio di panni sporchi, se ne restava sdraiato sul pianerottolo, mettendo in mostra un corpo scheletrico, coperto di piaghe e con la pelle grigiastra, il colore della morte.

«La miseria diventava la madre di molti vizi. Il più orrendo era la prostituzione delle bambine e dei ragazzini. Molti ritengono che la pedofilia sia una pratica infame dei tempi d'oggi, ma nell'Ottocento trionfava» spiegò Paolo. «Molte madri, abbrutite da una povertà estrema, vendevano le figlie e i figli ancora piccoli. Gli acquirenti non mancavano. Di solito erano signori con il portafoglio ben fornito e alla ricerca di esperienze peccaminose. Le donne che resistevano alla prospettiva di un guadagno facile si limitavano a chiedere l'elemosina nelle strade del centro. Portando con sé i loro bambini coperti di stracci. Li mostravano ai passanti per impietosirli, sperando di ricevere qualche soldo in più.

«Il fascismo aveva fatto sparire quasi del tutto i mendicanti. Mussolini voleva che le città italiane, a cominciare dalle più piccole, mostrassero un ordine e una pulizia impeccabili. Se qualcuno veniva sorpreso a chiedere l'elemosina per le strade, finiva subito nelle mani della Milizia volontaria per la sicurezza nazionale che lo portava per qualche giorno in una delle due carceri cittadine. Veniva rilasciato con un calcio nel sedere e il divieto di ripetere il reato.

«La guerra, una fabbrica infaticabile di miserie sempre nuove, aveva fatto riapparire sulla strada i più poveri. E nel caotico dopoguerra il numero di chi mendicava per poter sopravvivere si moltiplicò. Fu allora che nella mia città emerse la storia di una donna che, per la verità, povera non lo era per niente, ma si scoprì assediata dalla disperazione.

«Quando la trovarono nelle condizioni che ti descriverò, si disse che era una vecchia senza casa e senza un soldo, ma non era così. Ancora nel primo dopoguerra, veniva considerato vecchio pure chi aveva superato da poco i cinquant'anni ed era povero. I cinquantenni ricchi no. A loro il denaro regalava un'eterna giovinezza, soprattutto alle donne, che si curavano del proprio aspetto e attraevano maschi assai più giovani. Ma la storia che sto per raccontarti non è per niente una vicenda di amore e di sesso. Come la sorte del ragazzo che si era dato alle rapine a causa della miseria, ci conferma che la guerra civile e la sua eredità malvagia non sarebbero svanite in poco tempo.»

Lei si chiamava Adelaide S., per le amiche Deda. Nata nel 1910, figlia unica di un impiegato delle Poste, aveva sempre desiderato fare la maestra elementare. Insegnare non lo considerava un mestiere, ma una missione. Amava i bambini e si riteneva fortunata per aver incontrato da piccola un'insegnante che per lei era stata una seconda madre. A diciannove anni aveva conquistato il diploma magistrale con il massimo dei voti. E il successo scolastico le era servito per iniziare subito il lavoro nella scuola comunale di un paese vicino alla nostra città.

Era una ragazza alta, magra, bionda, di modi gentili, con il volto sempre illuminato dal sorriso. Possedeva un carattere schietto e forte. La scomparsa prematura dei genitori non l'aveva fiaccata. Era figlia unica, però non si sentiva sola al mondo. A darle sicurezza esistevano i suoi scolari, i loro genitori, la stima e la gratitudine che la circondavano. Non avvertiva neppure il bisogno di un rapporto d'amore.

Poi si era invaghita di un ragazzo, anche lui insegnante elementare. Ma all'inizio della guerra, il moroso era stato subito chiamato alle armi ed era caduto sul fronte con la Francia, un conflitto inutile dichiarato da Mussolini quando i tedeschi avevano già occupato metà di quella nazione.

Adelaide era cattolica e aveva accettato con rassegnazione la volontà del Signore. Nei primi tempi il dolore era stato grande. Sentiva dentro di sé un vuoto terribile e più volte si era domandata se valesse ancora la pena di vivere. Poi si era aggrappata più di prima alla sua missione di educatrice.

Nel 1943 aveva trentatré anni e insegnava nella scuola di Santa Maria del Tempio, una frazione della città sulla strada che porta verso Alessandria. Dopo il disastro dell'8 settembre e l'inizio della guerra civile, le elementari erano rimaste uno dei pochi luoghi al riparo dall'inferno che sembrava sul punto di travolgere tutto.

La Deda andava e veniva dalla città in bicicletta, munita di tutti i permessi possibili. Quello del comando tedesco, della Milizia repubblicana e della direzione didattica. Ai posti di blocco la conoscevano bene: era la maestra ciclista. La salutavano con un sorriso, senza chiederle i documenti. Anche i militari più giovani la consideravano una prova che il pacifico mondo di un tempo non era del tutto scomparso.

I viaggi quotidiani della Deda non sfuggirono all'attenzione di una banda partigiana guidata da un cugino. Un giorno dell'autunno 1944, il comandante la contattò mentre usciva dalla scuola di Santa Maria del Tempio. Si fece riconoscere e chiese alla maestra se era disposta a diventare la staffetta del suo gruppo. Doveva portare dei messaggi in città e consegnarli a un inviato del Comitato di Liberazione. Le garantì che non correva pericoli gravi. Dopo qualche incertezza, lei accettò per non deludere quello che, in fondo, era un parente. E in famiglia sempre ritenuto un ragazzo a posto.

Tutto andò bene sino a quando il messo del Cln non le consegnò un ordine per il comando che la utilizzava come staffetta. Il messo spiegò alla Deda: «È l'ordine di fucilare un tenente della Guardia nazionale repubblicana fatto prigioniero qualche settimana fa». Lei domandò: «Come si chiama questo ufficiale?». Il messo rispose: «Sta scritto nella lettera che devi recapitare».

Prima di lasciare la città, la maestra aprì la busta e si sentì mancare. Il tenente da fucilare era il figlio di un'anziana insegnante, a suo tempo direttrice della scuola dove lei aveva mosso i primi passi. Conosceva il prigioniero sin da quando era un allievo delle scuole medie inferiori. Lo ricordava un ragazzino sveglio, ubbidiente e studioso. E adesso, ormai ventenne, sarebbe stato fucilato!

La maestra non ebbe dubbi su quel che doveva fare. Decise all'istante di non consegnare il messaggio. Lo stracciò e ne gettò i pezzi dentro la stufa ancora accesa in quella primavera sempre piovosa e fredda. Poi inforcò la bicicletta e andò a fare lezione. Si sentiva con l'animo in pace e quasi felice. Non le importava nulla della guerra civile. Aveva salvato una vita. E questa era l'unica cosa che contava per lei.

Qualche giorno dopo, nell'intervallo di metà mattina, fu avvicinata da un giovane in borghese. Le spiegò di essere un partigiano e chiese se avesse ricevuto un messaggio del Cln per il comandante della banda. La Deda rispose con sicurezza: «No. Non mi hanno consegnato nulla».

In seguito si venne a sapere che il prigioniero scampato all'esecuzione era riuscito a fuggire. La maestra ne fu contenta. Disse a se stessa: «Questa guerra ha già fatto troppi morti. Ho evitato che un ragazzo di vent'anni finisse sotto terra. E non m'importa che fosse un fascista».

Poi durante i giorni della Liberazione venne a galla quanto era accaduto. Il Cln confermò di aver dato l'ordine di fucilare il prigioniero. Perché non era stato eseguito? Il capo del distaccamento incaricato dell'esecuzione spiegò di non aver mai ricevuto il messaggio del comitato. Fu quasi fatale risalire alla maestra. Erano momenti dove i sospetti si sprecavano. La Deda fu accusata di aver fatto il doppio gioco a favore della Repubblica di Mussolini. Venne arrestata e rinchiusa nelle carceri di via Leardi, piene di militi fascisti. Però a lei toccò una sorte peggiore.

Fu picchiata senza pietà. Poi le tagliarono i capelli, un oltraggio riservato alle collaborazioniste. La sua detenzione durò tre mesi. E per la maestra si rivelò un inferno. La interrogavano di continuo, per sapere chi fossero i suoi complici nel doppio gioco. Volevano costringerla a parlare e la pestavano senza misericordia. Pretendevano che ammettesse di essere stata al servizio dei repubblichini.

Lei negò sempre e non confessò mai di aver distrutto quel messaggio per una istintiva pietà nei confronti di un ragazzo. Destinato a morire quando la guerra civile stava agli sgoccioli.

La maestra fu processata e assolta perché mancava una prova della sua adesione al fascismo. Mentre usciva dal tribunale ancora in manette, si trovò alle prese con una folla di donne che la coprirono di insulti e di sputi. Tra loro riconobbe parecchie madri di suoi allievi. Quello fu il colpo di grazia. Ebbe un crollo mentale e cominciò a non ragionare più. Quando le comunicarono che aveva perso il posto di insegnante, non reagì. Rimase in silenzio con lo sguardo perso nel vuoto.

Ma il peggio doveva ancora venire. A poco a poco la Deda si convinse di aver tradito chi aveva fiducia in lei. E decise di punirsi da sola. Indossò degli stracci e si mise al collo un cartello che diceva: «Sono una fascista nemica dei partigiani». Poi andò a mettersi all'incrocio del centro cittadino, tra via Roma e piazza del Cavallo. Si sedette per terra e cominciò a chiedere l'elemosina ai passanti.

Quasi nessuno riconobbe nella mendicante la maestra Adelaide S. Era una vecchia, sporca, scarmigliata, macilenta. Con la mano destra protesa verso i passanti, borbottava: «Fate la carità a una donna sciagurata». Nessuno si fermò per aiutarla a rialzarsi e ricondurla a casa. Nessuno ebbe un gesto di pietà. Del resto, era un'accattona come tante altre. A intervenire fu soltanto un vigile urbano che le ordinò di spostarsi dal centro e di andarsene a elemosinare in periferia.

Lei obbedì. Si rimise in piedi a fatica e si trascinò lontano, camminando con lentezza, come una sonnambula. Arrivata vicino al ponte pedonale sul Po, si coricò di nuovo per terra. Rimase lì per molte ore, farfugliando parole incomprensibili, con gli occhi chiusi.

Non si mosse neppure quando calò la sera. E nel buio già fitto venne travolta da un autocarro che la uccise.

10
Squillo con merenda

«Non tutte le storie del dopoguerra avevano un finale tragico come quella del ragazzo diventato rapinatore o della maestra che si lascia morire perché sospettata di essere una spia dei fascisti» disse Paolo a Carlotta. «A salvarsi dall'inferno della guerra furono soprattutto le donne...»

«Perché proprio loro?» domandò la ragazza.

«Dovresti saperlo dal momento che sei una donna anche tu. Siete voi il vero sesso forte. Quelle che hanno più coraggio, più inventiva, più pazienza e, quando occorre, più spregiudicatezza. Ne ho conosciute molte, nella mia gioventù e durante la maturità. E mi sono sempre sentito inferiore a loro. La mia presunta fama di donnaiolo nasce da questo atteggiamento. E ti confesserò un segreto: le donne che ho avuto erano soltanto quelle che mi desideravano. In pratica mi sono offerto io a loro. Applicando un principio caro a molti maschi.»

«Be', direi che sei stato una vera e propria eccezione. Perché voi maschi pensate sempre di essere dei conquistatori ed è su questo falso principio che fondate la vostra finta supremazia nei nostri confronti» osservò Carlotta. «In realtà accade l'esatto opposto, come dimostra anche il tuo esempio. Non siete voi a scegliere chi vi porterete a letto. È la femmina che vi sceglie. Dovete smetterla di interpretare il personaggio del cacciatore, dal momento che siete soltanto delle prede. Neppure la femmina più orrenda accetterebbe di fare l'amore con un maschio se non l'avesse già deciso lei».

Paolo l'ascoltò dubbioso: «Non sempre è così. Comunque ho una storia da narrarti. E spero che tu voglia ascoltarla».

Era ancora bellissima, la signora Sofia R. Lo era nonostante l'età: tra i cinquanta e i sessanta. Ma ne dimostrava venti di meno. Alta, un corpo perfetto, un seno impetuoso, gambe da urlo, la pelle delicata, lo sguardo da donna ardita che non teme il confronto con qualsiasi maschio.

Veniva da una famiglia non povera: misera. L'ultima dei cinque figli di una coppia arrivata in città durante la prima grande migrazione dal Veneto. Abitavano tutti e sette dentro una topaia di tre stanze: la cucina, la camera da letto dei genitori e un camerone per i cinque ragazzi. Il cesso stava sulla ringhiera e in casa non esisteva nessun tipo di riscaldamento, tranne che in cucina, dove il grande focolare era sempre acceso da novembre a febbraio. Per combattere il freddo che dominava, le nevicate e il gelo.

Il camino serviva anche per cucinare il pranzo e la cena. Ma non sempre c'era da mangiare per tutti. Il più delle volte i genitori e i figli più grandi andavano a dormire con la pancia vuota. La fame era l'ospite fisso della casa. Anche Sofia l'aveva sofferta e, superata l'adolescenza, giurò a se stessa che non l'avrebbe più patita. La fortuna la aiutò, poiché nel 1936 trovò un lavoro da commessa in un negozio di alimentari. La paga era quasi inesistente, ma in compenso il padrone le consentiva di portare a casa gli scarti dei prodotti in vendita.

Dopo qualche mese, il proprietario del negozio domandò a Sofia: «Vorresti una paga decente?». Lei annuì: «Certamente, signore. Farebbe comodo a me e alla mia famiglia». «Bene, te la darò a una condizione. Devi fare l'amore con me.» Lei non ci pensò sopra neppure un attimo e rispose: «Bene, sono pronta».

Era il 1937, Sofia aveva ventidue anni e il padrone le tolse la verginità. Fu lui il suo primo uomo. La ragazza era molto sveglia e si rese conto che la propria bellezza le avrebbe consentito un'esistenza meno difficile di quella che il destino aveva previsto per lei. E si diede da fare per conquistarla.

All'inizio si dedicò al padrone del negozio, un uomo sui cinquant'anni, grosso, di modi rudi, quel che si dice un vero materialone. Sofia lo scelse come amante e lo soggiogò al punto di tenerlo in pugno e ottenere da lui tutto quello che voleva. Lo costrinse a pagare cifre sempre più importanti che lei, con puntualità, consegnava a sua madre.

Un giorno la mamma, insospettita, la interrogò: «Come ti guadagni tutti questi soldi?». La sua risposta fu schietta: «Vado a letto con il principale. Dico a letto, anche se lui mi prende nel retrobottega. In una specie di cuccia, ricavata tra due sacconi di granaglie».

Per niente sorpresa, la madre domandò alla figlia: «Ti pesa fare quello che fai?».

Sofia scosse il capo: «Cosa vuoi che sia. Di sicuro è meno faticoso che lavorare da serva in qualche famiglia di ricconi che ti mettono le mani addosso senza pagarti». Allora la mamma le raccomandò: «Devi stare ben attenta a non finire nei guai». «E quali sarebbero questi guai?» «Rimanere incinta, beccarti qualche malattia, fare l'amore con uomini squattrinati. Lascia perdere i giovanotti. I signori di mezza età sono gli amanti migliori. Ma non legarti a nessuno di loro. E non offrirti subito. Costringili a desiderarti, portali a spasso con la corda di burro che il Padreterno ti ha donato: la tua bellezza e le tue doti.»

Sofia seguì i consigli della madre. Lasciò il padrone del negozio e scelse di concedersi a un grossista che lo riforniva. Da lui passò a un agricoltore facoltoso che stravedeva per lei. Con il denaro che metteva da parte, prese in affitto un piccolo appartamento in periferia. Stava al piano terreno di un grande caseggiato, dove gli inquilini erano tanti e non si rivolgevano mai la parola.

Quello fu il suo scannatoio. Sofia diventò la ruffiana di se stessa. I clienti erano soltanto uomini di mezza età e talvolta anche più anziani. Si portò a letto pure dei sessantenni. Erano loro a cercarla, passandosi la parola. Quasi tutti avevano una moglie che non li eccitava più. E scoprivano che la bellezza ardente di quella ragazza li faceva sentire ancora giovani.

Un giorno bussò alla sua porta un settantenne. Sofia lo riconobbe subito: era un cementiere facoltoso, proprietario anche di parecchie cave di marna. La ragazza, ormai vicina ai trenta, gli sorrise, ma lo avvertì: «Con lei dovrò impegnarmi al massimo. Per questo motivo la mia tariffa sarà tripla. È disposto a pagarla?». Il cementiere rispose: «Chiedimi quello che vuoi, per te non c'è tariffa che tenga». Lui diventò il suo amante fisso. E lei la sua puttana privata. La loro relazione durò cinque anni. Sofia, ormai ricca, sollazzò il vecchione sino a quando un infarto lo uccise proprio mentre stava fornicando.

Scomparso il settantenne, Sofia continuò a dedicarsi a clienti sempre facoltosi, scelti sulla base del loro portafoglio. Un imprenditore nel campo della meccanica. Un commercialista. Un primario dell'ospedale cittadino. Un borsaro nero, personaggio da maneggiare con cura per sopravvivere alla guerra che nel frattempo era scoppiata.

Fu proprio il borsanerista a suggerirle un'idea che fece di Sofia la donna di vita più richiesta dai maschi della città. Era di offrire uno spuntino o una tazza di caffè vero ai clienti che riceveva. La trovata moltiplicò il numero di quanti la cercavano per fare sesso. E dunque il suo fatturato. Lei coniò uno slogan: «Da Sofia il piacere e la merenda!». Per i consumatori più facoltosi teneva nella ghiacciaia una bottiglia di Asti spumante.

La fine del conflitto non mandò al tappeto i suoi risparmi. Consigliata dal commercialista, Sofia li aveva trasformati in lingotti d'oro e in preziosi. E, una volta messo al sicuro il patrimonio, arrivata la pace Sofia ridusse la propria attività. Aveva superato i trent'anni e disse a se stessa: «Devi stare attenta a non perdere la bellezza. La concorrenza sta diventando ogni giorno più forte. Una quantità di ragazze ventenni e anche più giovani si sono messe sul mercato. Non andare più a letto con nessuno. Un po' di castità ti gioverà molto. Se non riesci a calmare le tue voglie, prova a farti un'amante femmina».

Non fu necessario cercarla, poiché si fece avanti la dottoressa che Sofia frequentava da qualche mese. Era una zitella attempata che lei aveva scelto come medico, per farsi visitare una volta al mese. Una signora magra, efficiente, silenziosa. Un giorno Sofia si accorse che indugiava un po' troppo nel palparla. Allora le domandò: «Le piaccio, signorina?». La dottoressa rispose: «Sì, tanto». Sofia replicò: «Se è così, vuole giocare con me?». Il gioco iniziò subito, nello studio. E continuò nello scannatoio di Sofia.

Lei scoprì che l'amore tra due donne era piacevole quanto quello tra un maschio e una femmina. La loro relazione andò avanti per un po' di anni. Poi un giorno la dottoressa disse: «Ho trovato un marito ben più anziano di me. Quando sarò anch'io una vecchia carampana, non voglio trovarmi da sola e lo sposerò. Purtroppo non potrò più incontrarti». Sofia sospirò: «Pazienza. Accetta il mio augurio per te e per il tuo sposo».

La nostra eroina pensò di aver concluso il proprio lavoro di squillo al servizio di maschi e femmine, del resto stava superando i cinquant'anni. E invece si sbagliava. Un giorno, mentre rientrava in casa dopo essere stata al cinema, venne fermata da un ragazzo che viveva con la famiglia nel suo stesso condominio. Era Piero F., un ventenne ben costruito, ma con un volto ancora da ragazzino. Disse a Sofia: «Posso confessarle un desiderio?». «Dimmi pure, figliolo.» «Non sono mai stato con una signora per un motivo che oso dirle: vorrei fare l'amore soltanto con lei.»

Quando Sofia gli replicò: «Ragazzo mio, sei un folle. Io ho trent'anni più di te», Piero rispose: «Questo lo so, ma sto impazzendo di desiderio per lei!». Lei lo scrutò sorridendo. Poi gli disse: «Devo pensarci. Vieni a trovarmi domani pomeriggio, verso le cinque».

La preghiera del ragazzo mandò in tilt Sofia. Disse a stessa: «Vorrei farlo contento, però mi vergogno del mio corpo di cinquantenne. Non posso mostrarmi a un ragazzo nella mia forma peggiore!». Poi a forza di riflettere le sembrò di aver trovato la scappatoia giusta: avrebbero fatto l'amore al buio, con le luci spente. Quando il ragazzo si presentò, lei gli spiegò a quali condizioni avrebbe soddisfatto il suo desiderio. E lui accettò subito.

Sofia non si era mai concessa al buio. Anche perché la prudenza le suggeriva di avere sempre il controllo di quello che le stava accadendo. Ma sapeva a memoria come muoversi, anche per averlo fatto qualche migliaio di volte. Tutto andò liscio. Il ragazzo ne rimase estasiato. Lo stesso accadde a Sofia. Si rividero in tanti altri pomeriggi. E nessuna donna di vita ebbe mai una vecchiaia felice quanto la sua.

Anche al ragazzo pensò di offrire la merenda. Ma lui alzò le spalle: «Ho smesso di farla quando avevo dieci anni. La mia merenda sei tu. Mi piaci così tanto che vorrei mangiarti pezzo dopo pezzo, a cominciare dalla tua Lady. Il boccone più arrapante!».

11
La lapide fantasma

«Oggi ti racconterò una storia legata a un delitto politico del primo dopoguerra: l'uccisione di un comunista dissidente, Mario Acquaviva» annunciò Paolo a Carlotta. «Assassinato da due killer del Pci l'11 luglio 1945, in pieno giorno, nei giardini pubblici della nostra città.»

Carlotta osservò: «So che hai scritto molto su questo Acquaviva e sulle circostanze della sua fine. Stai attento a non ripeterti, i tuoi lettori potrebbero rimproverartelo!».

Paolo le sorrise: «Hai ragione. E ti ringrazio di avermi ricordato questo obbligo. Però ti garantisco che non mi ripeterò. Dal momento che ho saputo da poco come si è conclusa quella storia. E non l'ho ancora rivelato a nessuno».

Acquaviva era un ragioniere astigiano con un impeccabile curriculum di militante antifascista e comunista. Nel 1926 era stato condannato a otto anni di carcere e durante la detenzione aveva abbracciato un comunismo diverso da quello imperante: non più staliniano, bensì libertario. Una volta scontata la pena, partecipò alla fondazione di un nuovo movimento: il Partito comunista internazionalista.

Gli internazionalisti erano una scheggia al confronto delle masse che seguivano il Pci di Palmiro Togliatti. Ma davano comunque fastidio. L'astigiano Acquaviva si scontrò subito con i capi del partito che comandava in città. Senza rendersi conto che stava rischiando la pelle. È quel che gli accadde nel pomeriggio dell'11 luglio. Mentre usciva da un'azienda dove lavorava come direttore amministrativo, venne ucciso a rivoltellate da due partigiani rossi.

Il delitto suscitò molto rumore. Ma le acque si calmarono presto. E la fine di Acquaviva venne archiviata come uno dei tanti fatti di sangue del primo dopoguerra. Le sommarie indagini svolte da un commissario di polizia che era stato un partigiano bianco non condussero a nulla, anche perché vennero ostacolate in tutti i modi. Del resto il ministro della Giustizia nel governo in carica, guidato dal premier Ferruccio Parri, era nientemeno che il leader del Pci, Togliatti.

Tutto appariva concluso e su quel crimine sembrò calare il silenzio. Ma nell'autunno del 1945 il fantasma di Acquaviva ritornò a turbare il sonno di chi aveva deciso la sua fine. Il merito fu di una giovane donna che sembrava lontanissima dalle lotte politiche del tempo.

Si chiamava Elsa C. e di mestiere faceva la pedicure. Tra i suoi clienti c'era il notaio più importante della città: il dottor Ottorino S. Era un signore al di là dei sessanta e, come succede spesso, si invaghì di Elsa. Lei era assai più giovane, aveva trentaquattro anni e non doveva onorare obblighi sentimentali verso nessuno.

Elsa, una single alta, magra, silenziosa, una vera bellezza, colpì subito il notaio, uno scapolone molto attratto dalle donne. La corteggiò e nel giro di qualche settimana divenne il suo amante. Si incontravano tutte le sere nel piccolo alloggio della pedicure. E la ragazza gli confidò il proprio segreto.

Il padre di Elsa, un ex operaio dell'Eternit, apparteneva al ristretto giro dei comunisti internazionalisti ed era stato un compagno fedele di Acquaviva. Quando la figlia gli rivelò il suo rapporto con il notaio, il padre esclamò: «Forse il dottor Ottorino è l'uomo giusto per rimediare alla grande offesa che è stata fatta al povero compagno Mario!».

«E quale sarebbe questa offesa?» domandò Elsa al padre. Lui rispose: «Quel nostro martire è stato, a suo modo, un combattente per la libertà. Dappertutto stanno apparendo delle lapidi che ricordano il sacrificio dei partigiani uccisi nella guerra civile. Ma non esiste uno straccio di lapide che rammenti l'assassinio di Acquaviva. Soltanto il tuo notaio conosce la strada giusta per rimediare a questa vergogna».

Qualche sera dopo, Elsa ne parlò con il notaio. E scoprì che conosceva ogni cosa di Acquaviva, di quel delitto e dei suoi presunti responsabili. La ragazza ne rimase stupita. Ma il dottor Ottorino le spiegò: «La nostra è una piccola città dove sappiamo tutto di tutti. Per esempio che tu e io siamo amanti. Come potevo ignorare l'uccisione di quel comunista dissidente? Al mio ufficio non sfugge nulla. Conoscere quanto accade attorno a noi è anche un dovere per chi fa con scrupolo la mia professione. Ma perché mi chiedi di lui? Non pensavo che la sua fine ti avesse colpita...».

Elsa allora lo informò che i compagni di Acquaviva, a cominciare dal proprio padre, speravano di vedere nei giardini pubblici, il luogo dell'assassinio, una lapide che ne ricordasse il sacrificio. E confidavano che il più importante notaio della città fosse in grado di ovviare a questa mancanza. Poi domandò: «Avresti voglia di occuparti della questione?».

Il dottor Ottorino S. prese a cuore la faccenda. E cominciò a studiare tutti i passi che doveva compiere per ottenere che la lapide in onore di Acquaviva fosse sistemata dove era stato ucciso. Il notaio era bravissimo nello sbrogliare casi ben più difficili. E pensò che non ci avrebbe messo molto nel risolvere anche quello. Garantì a Elsa: «Prima di Natale, tuo padre e i suoi compagni avranno quello che chiedono».

Ma il notaio aveva fatto male i conti. Contro ogni previsione, si trovò invischiato in un labirinto di pratiche, di passaggi burocratici, di richieste all'autorità comunale che rimanevano sempre senza una risposta. Cominciò a sospettare che anche i socialisti si fossero sdraiati sulla stessa linea del Pci. Per non suscitare la reazione del loro alleato più forte, fingevano che Acquaviva non fosse mai esistito. E non essendo morto non aveva diritto a una lapide.

Finché un giorno al notaio arrivò la telefonata del segretario della sezione comunista della città. Chiedeva di essere ricevuto nel suo studio. E il dottor Ottorino si trovò di fronte un giovane funzionario, figlio di un cementiere che era un suo ottimo cliente. Il segretario, un tipo freddo e di poche parole, chiese al notaio perché si interessasse di Acquaviva. Lui gli spiegò che lo faceva per conto di un cliente che desiderava veder affissa la lapide. Il segretario lo interruppe: «Questo lo sappiamo. E sappiamo pure che il cliente è la sua amante, la signorina Elsa C., figlia di un militante del partito reazionario del defunto Acquaviva».

Il notaio era un signore calmo, la professione gli aveva insegnato che non doveva stupirsi di nulla e restare sempre freddo. Ma quella volta si alzò di scatto e disse al segretario comunista: «Non immaginavo di essere schedato dai vostri informatori. La prego di lasciare subito il mio studio!». Il segretario obbedì, ma nell'andarsene sibilò al notaio: «Non si agiti, dottor S., perché la lapide per quel traditore non la otterrà mai!».

Il funzionario del Pci aveva ragione. Le pratiche del notaio vennero tutte insabbiate dalle autorità comunali. Poi il dottor Ottorino cominciò a trovare in ufficio una raffica di lettere anonime, piene di insulti. La più gentile diceva: «Il notaio capitalista si è venduto ai nemici del proletariato. In cambio può ospitare nel suo letto la puttana Elsa C., figlia di un complice di Acquaviva».

Passarono alcune settimane e il notaio ricevette la visita di un importante imprenditore, suo cliente da sempre. Con sorpresa lo sentì dire: «I comunisti della mia commissione interna mi intimano di non servirmi più del suo studio. In caso contrario, ogni settimana proclameranno uno sciopero».

«E lei che cosa gli ha risposto?» domandò il dottor Ottorino. L'imprenditore gli sorrise: «Che spetta a me scegliere i professionisti migliori sulla piazza. Se vogliono scioperare, lo facciano pure. Ma la loro è una decisione assurda e gli si ritorcerà contro».

Il notaio e la ragazza si domandarono se dovessero insistere in una battaglia destinata a non essere mai vinta. E decisero di rinunciare. A dire parole di buonsenso fu Elsa: «Possiamo anche fare a meno della lapide. Acquaviva vivrà nei nostri cuori. E ci sarà sempre qualcuno che ne vorrà scrivere per non lasciar svanire il ricordo di un uomo coraggioso».

Sembrava una vicenda destinata a finire lì. Invece accadde quello che nessuno si aspettava. L'11 novembre del 1945 comparve sul monumento ai caduti della prima guerra mondiale scolpito dal grande Leonardo Bistolfi un cartello scritto a mano e in stampatello. Diceva: «Quattro mesi fa, l'11 luglio 1945, Mario Acquaviva, un proletario libero, veniva assassinato qui da due sicari di Togliatti».

Un vigile urbano venne incaricato di rimuovere subito quel ricordo provocatorio. Ma l'11 dicembre del 1945 un altro cartello simile venne affisso nel medesimo posto. Lo stesso accadde l'11 gennaio 1946 e poi l'11 febbraio sempre di quell'anno. I dirigenti del Pci cittadino impazzirono di rabbia, ma non riuscirono a scoprire chi fosse il provocatore.

I cartelli continuarono ad apparire sino all'11 luglio del 1946, anniversario del delitto. Poi non si videro più. Qualche tempo dopo si venne a sapere chi era l'ignoto estensore di quelle lapidi fantasma. Il notaio Ottorino S. ricevette una lettera che diceva: «Sono Giovanna C., ho vent'anni, non appartengo a nessuno partito. Credevo che la mia città fosse una comunità libera. Mi sono sbagliata e non voglio più vivere qui. Tra un mese sposerò un soldato americano della Divisione Buffalo, un reparto di militari neri, i primi ad arrivare da noi subito dopo la Liberazione. Andrò a vivere negli Stati Uniti, in una città del Sud. Contro ogni previsione, spero di trovare lì un posto libero dove crescere i miei figli».

Il notaio disse a Elsa: «Una ragazza bianca che sposa un nero e va a vivere in uno Stato del Sud. Il posto non mi sembra la scelta migliore per chi cerca un angolo di mondo libero e civile!».

Elsa sospirò: «Non sarei così pessimista. Anche gli Stati Uniti, come tanti paesi europei, possono riservare sorprese positive. Del resto se questa ragazza avesse sposato un militare sovietico e lo avesse raggiunto a Mosca, nelle vicinanze del Cremlino, non si sarebbe trovata in una condizione migliore!».

12
Sant'Alcide

«Che cosa sai di Alcide De Gasperi?» domandò Paolo a Carlotta.

«Ti deluderò, ma, per quel che ne so, potrebbe essere un marchese o un barone. O un personaggio dei *Tre moschettieri*!» disse la ragazza ridendo.

Paolo s'infuriò: «L'idea che tu potessi assistermi nella stesura di questo libro si sta rivelando un'illusione fantozziana. E la colpa è tutta mia. Scommetto che neppure i tuoi genitori conoscono quanto sia ignorante la loro unica figlia!».

Carlotta era un'impunita e ribatté, sorridendo: «Lei sbaglia, caro maestro... Mio padre ha insistito perché accettassi la tua proposta proprio perché non so nulla della nostra storia patria. Il novantanove per cento dei miei coetanei è uguale a me. E infatti mia madre e mio padre si augurano che il tuo libro possa insegnare qualcosa a noi ventenni di oggi».

Paolo bofonchiò: «Speriamo che abbiano visto giusto. Comunque sia, De Gasperi era il leader democristiano del primo dopoguerra. E risultò essenziale all'Italia per due motivi. Rassicurò il paese uscito sconvolto dal referendum del 1946 tra la monarchia e la repubblica. Aveva vinto la seconda, seppure in mezzo a una bufera di sospetti sui brogli commessi dai partiti che volevano disfarsi dei Savoia. Quindi affrontò la battaglia campale contro i comunisti e i socialisti, culminata nel voto del 18 aprile 1948».

De Gasperi era il politico che piaceva di più alle donne italiane. Paolo ricordava bene che cosa dicevano di lui. Lina, la sarta che lo avrebbe guidato tra i piaceri del sesso, ripeteva: «Ve lo immaginate cosa sarebbe accaduto se avesse vinto il Fronte popolare di Togliatti e di Nenni? Le sarte come me le avrebbero mandate a lavorare in qualche fabbrica di abiti sul modello russo. Quelle schifezze che vediamo addosso ai capi sovietici nei documentari della Settimana Incom. Roba da vomitare!».

La Regina, un'altra vicina di Paolo, più sfacciata della Lina, la metteva giù dura: «I comunisti vogliono l'amore libero, ma è soltanto un trucco. I gerarchi rossi si prenderebbero le donne migliori. Un giorno vedrei arrivare nel mio laboratorio di camiciaia una banda di trinariciuti prepotenti, brutti e sporchi. E sarei costretta ad accoppiarmi con qualche russo che non ha ancora scoperto l'uso del sapone. Sia benedetto sant'Alcide!».

Ma nel parlamento del caseggiato di Paolo non tutti la pensavano così. Gli uomini, in maggioranza rossi, il capo democristiano non lo sopportavano. Lo giudicavano un lacchè dell'America e del Vaticano, amico dei padroni e dei fascisti. Gli sembrava sempre vestito da pretacchione, con un naso adunco da avvoltoio. Lo chiamavano Von Gasperi, perché nel 1911 era stato eletto nel Parlamento austriaco, a rappresentare gli italiani del Trentino.

I mariti ringhiavano alle mogli: «Guai se votate per quello lì!». Ma le donne li mandavano a insaccare il fumo. A loro la Dc piaceva. Nei film americani vedevano che nelle case c'erano il frigorifero, la macchina per fare il bucato e quella per lavare le stoviglie, l'aspirapolvere, la cucina elettrica e persino un cubo di legno chiamato televisione. E si domandavano chi potesse aiutarle a ottenerli. Non certo la ditta Togliatti & Nenni. Loro promettevano soltanto il socialismo, Stalin e il Cominform. Robaccia che non rendeva meno difficile la vita.

Un giorno scoppiò un litigio tra la Lina e un vicino di casa. Era uno scapolo sui cinquant'anni, impiegato di banca e comunista sino al midollo. Tutti sapevano che spasimava per lei e le rompeva l'anima facendole una corte insistente. Ma era così gnocco da asfissiarla con le sue prediche a favore del Fronte popolare. Dài e dài, la Lina si stufò: «Lei deve smetterla di seccarmi la gloria con il Fronte popolare. E già che ci sono, la informo che non verrò mai nel suo letto. Piuttosto regalo la mia ciornia al primo seminarista di passaggio!».

«Poi arrivò la campagna elettorale per il voto del 18 aprile» continuò Paolo. «Mi è rimasta nella memoria per ragioni molto diverse e alcune del tutto personali. Una di queste fu la scoperta che le donne comuniste non erano affatto come le disegnava Giovanni Guareschi sul "Candido". Lui aveva creato la trimammelluta, dotata di tre tette colossali. Una virago orrenda, un mostro peloso, le gambe tozze coperte di vene varicose. Ma la verità era un'altra.

«Andavo per i tredici anni e da ragazzino precoce scrutavo con attenzione le donne. Il sabato pomeriggio m'intrufolavo nel circolo Stella Rossa, la rinomata sala da ballo del Pci, a cento metri da casa nostra. Mi attirava soprattutto la compagna Elvira, che abitava in via Corte d'Appello, la mia stessa strada.

«Era una trentenne tutta curve, vedova di un ferroviere, e faceva l'infermiera all'Ospedale civico. La conoscevano per una donna dalla serietà assoluta. Qualche medico aveva tentato di tirarle il rocco e aveva dovuto ripiegare a mani vuote. Ma il sabato pomeriggio, alla Stella Rossa, l'Elvira si tramutava in una Rita Hayworth nostrana: abito attillato, calze con la riga, tacchi alti e trucco da diva del cinema. Capace, con la sola mossa dell'anca, di farti immaginare scenari peccaminosi. Ballava divinamente la samba. E non era l'unica star del dancing a fare allungare la lingua ai maschi.

«La Stella Rossa era un carnaio che sapeva di lavanda Linetti, borotalco, fumo di sigarette americane, permanenti casalinghe, panni stirati con il ferro scaldato sulla stufa. Le donne comuniste mi apparivano tutte desiderabili. Specie le più giovani. Le gonne corte. I golfini stretti. Le mosse disinvolte nel guidare i loro cavalieri. Le labbra cariche di rossetto. Un richiamo esplicito che doveva avere il sapore del cioccolato, così pensavo.»

«Dimmi la verità, Paolo: ti è rimasto nella memoria quel tipo di ragazza. Noi oggi vestiamo come i maschi: jeans, maglietta, niente reggiseno e poco trucco, scarpe da ginnastica…»

Paolo sospirò: «Hai ragione, Carlotta. Un tempo le donne indossavano tutte la gonna. Io mi domandavo sempre che cosa nascondessero sotto. Quale tipo di reggipetto portavano? E quanto erano sfacciate le loro mutandine? La gonna mi appariva una bandiera pronta a essere ammainata. Il segnale di una resa che apriva la strada verso delizie che non avevo ancora conosciuto. Ma se avessi vent'anni di meno vorrei lo stesso scoprire che cosa nascondete sotto i vostri stracci!».

Più decisivi sotto l'aspetto politico erano altri ricordi. A iniziare dalle previsioni dei due blocchi. I socialcomunisti avevano la certezza assoluta di vincere, mentre i democristiani erano convinti di perdere. Ma un vicino di casa di Paolo, tifoso di De Gasperi, aveva avvertito sua madre: «Signora, le elezioni sono come le partite di football, non sai mai dove andrà il pallone». Lei aveva sospirato: «Speriamo che vada nel verso giusto».

La campagna elettorale del 18 aprile diventò subito rovente. La città si divise e si odiò. Sembrava ricominciata la guerra civile. Per fortuna le armi erano differenti: manifesti, comizi, giornali murali e parlati, mostre, pacchi dono arrivati dagli Stati Uniti. Si diceva che i capi del Pci locale avessero messo giù la lista dei borghesi da arrestare subito dopo l'immancabile vittoria. E qualche industriale del cemento fece partire la famiglia per la Svizzera.

De Gasperi comparve nel mezzo di questa guerra il 22 marzo 1948. E prima di parlare alla città, si recò con la moglie al santuario di Crea, poco lontano. Ma non per pregare la famosa Madonna nera. Su quel bricco benedetto che sovrasta il Monferrato, doveva incontrare un altro democristiano importante: il leader del partito cattolico in Francia.

L'uomo che aspettava De Gasperi tra i frati del santuario era Georges Bidault. Un signore piccolino, azzimato, che era stato il capo della Resistenza francese dell'interno e uomo del generale De Gaulle. Conosciuto per essere un tipo duro, di poche parole, sempre pronunciate con una voce nasale e aggressiva. E con un fastidio che lui cercava di contenere, dal momento che, in Francia, era anche il ministro degli Esteri.

L'incontro doveva rimanere segreto. Ma la ragione del vertice sulla sacra collina si seppe quasi subito. De Gasperi voleva chiedere a Bidault quale aiuto avrebbe potuto offrirgli, nella disgraziata ipotesi di una vittoria comunista il 18 aprile. Bidault non ebbe esitazioni. E di fronte alla Madonna di Crea, garantì asilo politico in Francia al leader della Dc e a tutti i democristiani che avessero deciso di andarsene da un'Italia caduta nelle grinfie dei seguaci di Stalin.

Nel pomeriggio, poco dopo le 15, l'Aprilia presidenziale, partita dal santuario di Crea, arrivò in città. De Gasperi fu subito portato in piazza del Cavallo, il centro del centro, dove lo aspettava una folla da sbalordire. Non s'era mai vista tanta gente attorno alla statua equestre di Carlo Alberto. Cominciò ad applaudirlo, frenetica, non appena si affacciò da un balconcino, sopra il Caffè Savoia.

Accanto a De Gasperi c'erano i due democristiani più in vista della città. Il sottosegretario agli Esteri, Giuseppe Brusasca, monferrino. E il segretario del partito, Francesco Triglia, molto noto per via del suo negozio di tessuti, la pregiata ditta Nobet.

C'era anche Paolo in piazza del Cavallo, da solo, per curiosità. Fu molto colpito da De Gasperi. Un signore alto, secco, austero anche nell'abito stazzonato, il naso davvero a becco, la faccia stropicciata dalla stanchezza, dove si leggevano tutti i sessantasette anni.

Dopo la mattinata al santuario di Crea, l'odiato-amato Alcide aveva le gomme sgonfie. Si affacciò al balcone salutando la piazza con il Borsalino. Poi iniziò a parlare verso le quattro del pomeriggio. E il suo discorso, durato appena venti minuti, non passò alla storia. De Gasperi si limitò a battere sul chiodo che gli importava di più: il voto del 18 aprile era un referendum sul futuro dell'Italia, in bilico tra un avvenire di libertà e il baratro dell'oppressione. Quindi concluse con un monito ben scandito: «Chi non vota, commette una viltà. Votare è un dovere. Votare male è un tradimento!».

La piazza si spellò le mani nell'applauso. A cominciare dalle donne, tantissime. Di tutte le età. Dalle più anziane, sostenute dai figli, alle più giovani con il moroso o senza, nel caso che al beneamato non piacesse sant'Alcide. Se qualcuno del Fronte popolare fu tanto acuto da rendersene conto, di certo intuì come sarebbe finita la battaglia del 18 aprile.

Ma i capi frontisti della città avevano ben altro per la testa: il contro-comizio destinato a mandare al tappeto Von Gasperi, allestito sul lato opposto di piazza del Cavallo. L'oratore era un giovanotto entusiasta, che poi sarebbe diventato uno dei grandi sociologi italiani: Franco Ferrarotti. Dicevano che avesse interrotto da poco gli studi in seminario per trasferirsi sul versante di sinistra.

Il Fronte popolare contava molto su di lui. Il settimanale delle sinistre casalesi, «Rinascita democratica», lo descrisse pronto a scagliare «una stritolante requisitoria contro la politica nefasta dell'onorevole De Gasperi». Invece «La Vita Casalese», il giornale del vescovo Giuseppe Angrisani, prese malissimo il passaggio di campo dell'ex seminarista. E lo bollò così: «Quel giovane ha l'inferno nel cuore».

Il contro-comizio ebbe un effetto nullo. L'unico fastidio De Gasperi lo incontrò appena iniziato il viaggio verso Milano: la sua Aprilia venne tamponata dalla vettura della polizia che la scortava. Il seguito è presto detto. Anche nella città di Paolo, in teoria rossa, vinse la Dc. E il successo in Italia fu schiacciante: 12 milioni e mezzo di voti per i democristiani, 8 milioni per Togliatti & Nenni. Alle urne era andato il 92 per cento degli elettori.

Rispetto al voto per l'Assemblea costituente di due anni prima, De Gasperi aveva portato il suo partito dal 35 al 48 per cento. A Montecitorio i democristiani si erano conquistati la maggioranza assoluta dei seggi: 305 deputati sui 574 che allora componevano la Camera.

Il sottosegretario Brusasca paragonò la vittoria a quella di Lepanto contro i turchi. E il vescovo Angrisani volle un'ora solenne di adorazione nel Duomo, «per ringraziare il Signore del buon esito delle elezioni».

Quanto a De Gasperi, anni dopo si seppe che, la notte del trionfo, chiese a chi stava in ufficio con lui: «E adesso che cosa ne facciamo di tutti questi voti?». Domanda retorica, perché lui sapeva benissimo che cosa farne: difendere la libertà dell'Italia e avviarci verso la strada della rinascita.

Paolo disse a Carlotta: «Nella nostra assemblea familiare le facce lunghe furono tante. Chiesi a mia madre: "Perché il papà e gli zii sono incavolati?". Lei sfoggiò un sorriso da brigantessa e spiegò: "A far vincere la Democrazia cristiana sono state le donne. E voi maschietti non lo sopportate"».

Carlotta domandò a Paolo: «Per quale motivo oggi in Italia non si vedono dei nuovi De Gasperi?».

Paolo ringhiò: «Perché siamo diventati un paese da nulla».

13
La Maialina e il chierico

Prima del 18 aprile, i rossi facevano discorsi da accapponare la pelle. Tutti cominciavano nello stesso modo: «Quando avremo vinto le elezioni, vedrete...». E tutti prevedevano l'arrivo di un finimondo.

Giravano voci gonfie di veleno o di paura. Qualcuno giurava di aver già visto gli elenchi che mettevano nero su bianco i nomi delle persone da eliminare fin dalla sera del 19 aprile, qualche ora dopo la vittoria immancabile del Fronte popolare. Per primo veniva l'onorevole Brusasca, il democristiano più importante della zona. Poi c'era il vescovo Angrisani, quattro monsignori e una decina di industriali cementieri, ritenuti i padroni più odiosi della città.

Altri sostenevano che si trattasse di paure infondate. Gli elenchi esistevano, su questo non ci pioveva. Ma a compilarli erano state quattro o cinque teste calde, tutti ex partigiani convinti che l'ora della rivoluzione fosse suonata. Il Pci, nella persona del segretario federale, li aveva smentiti. Promettendo di espellere quei compagni troppo fanatici o troppo ingenui.

Comunque fosse, molti borghesi e benestanti nutrivano un vero terrore della vittoria comunista. La mamma di Paolo aveva sentito raccontare una storia che poteva sembrare inverosimile, mentre era vera al cento per cento. Le suore dei due conventi principali della città, le domenicane e le salesiane, da tempo si erano fatte ricrescere i capelli. Lo scopo era di camuffarsi da signore e signorine del ceto medio. Per nascondersi nell'eventualità che, Dio non volesse!, fosse prevalso Togliatti.

I ricconi, invece, avevano scelto come meta di un possibile esilio la Svizzera. Era questa la strada che stavano già percorrendo le famiglie di non pochi industriali della provincia. Si trattava di uomini accorti che avevano pensato alle mogli, ai figli e qualcuno anche alle amanti. Via tutti! E con un buon anticipo. Per mettere una frontiera tra loro e i trinariciuti con le armi pronte a sparare in nome del proletariato oppresso dai padroni.

Paolo raccontò a Carlotta: «L'ha constatato di persona mia madre quando vide arrivare nella modisteria una pimpante ragazza, furba quanto bella, diventata sua cliente da qualche mese. Era Angela A., che la mamma chiamava, con simpatia, "la Maialina"».

Nel 1948 l'Angela aveva venticinque anni ed era una vera dea: bionda naturale, alta, il corpo scultoreo, tette da risvegliare un morto, il lato B capace di spaccare qualunque sottana. In più, aveva una faccia da schiaffi, da «me ne impipo di tutti», sempre molto sicura di sé. E convinta che la bellezza impudica, senza vergogna, fosse una chiave in grado di aprire quasi tutte le porte.

La vita le aveva dato ragione. Dopo qualche amorazzo di passaggio, con dei ganimede subito dimenticati, la Maialina aveva trovato la vigna del papa. Vale a dire un pozzo senza fondo, strapieno di quattrini. E lei era stata così pronta e accorta da metterci subito le mani per fare provvista.

Era accaduto mentre aiutava una zia che gestiva l'edicola della stazione ferroviaria della città. Dal diretto di Torino, era sceso uno dei cementieri più in vista: il cavalier Teodoro R. Si trattava di un signore sui sessant'anni, piccolo, secco, scuro di pelle. Ma sotto quell'aspetto da travet, si nascondeva un tipo grintoso, dal carattere di ferro, capace, come vedremo, di decisioni rapide. In più, ecco un particolare non secondario: possedeva ben tre cementifici, uno in città, gli altri due in paesi vicini.

Nel passare davanti all'edicola, il cavalier Teodoro si fermò a comprare l'unico giornale che leggeva: «La Settimana Enigmistica». E lo chiese all'Angela che, in quel momento, sostituiva la zia. Lei glielo porse con un sorriso da maliarda. E fu il sorriso con quel che veniva sotto, a cominciare dalle tette della ragazza, a folgorare il Cavaliere. Regalandogli un colpo di fulmine imprevisto e capace di accoppare un toro.

Da vero imprenditore, il Cavaliere non perse tempo. E invitò l'Angela a cena, per quella sera stessa. Poche ore dopo, lei e lui festeggiarono l'incontro, in un alberghetto sulle colline. Prima con una cena a base di fonduta e champagne. E poi con un goga e migoga davvero al calor bianco. Che diede inizio a una relazione destinata a durare nel tempo.

Una settimana dopo, l'Angela si presentò nella modisteria della madre di Paolo e disse: «Sono venuta da lei per rimettermi a nuovo».

La padrona del negozio le domandò: «Chi paga, figlia mia?».

Lei rispose: «Il cavalier Teodoro R. Mi sono fidanzata con lui. Ecco qui l'assegno che mi ha dato per le prime spese».

Rassicurata, la madre di Paolo condusse la ragazza nello spogliatoio e le ordinò: «Mettiti nuda, perché voglio vedere come sei conciata di sotto». L'Angela obbedì senza batter ciglio, poiché tra le altre virtù aveva anche quella di essere una bella sgenata.

La madre di Paolo, un'altra furbona, finse di scandalizzarsi: «Figlia mia, sei da rifare tutta. Dal reggipetto alle mutande, sino al vestito e alle scarpe. Con un moroso come il cavalier Teodoro non puoi andare in giro come se vivessi nell'ospizio di carità. Ti occorre un abbigliamento non dozzinale, tutta roba di lusso, sopra e sotto. Ci penserò io, non preoccuparti. E vedrai che il Cavaliere sarà felice di non aver buttato via i suoi conquibus».

«Fu così che la Maialina diventò una delle migliori clienti di mia madre» disse Paolo a Carlotta. «I conti venivano pagati senza batter ciglio dal cavalier Teodoro, sempre più al guinzaglio delle virtù erotiche messe in mostra dalla ragazza. Insomma, la Maialina aveva davvero trovato il Padreterno nell'orto di casa. E il motivo era chiaro: lei aveva il diavolo nella sua verdura.»

Poi si avvicinò il voto del 18 aprile. E la mamma di Paolo venne a sapere che il cavalier Teodoro voleva mandare in Svizzera anche la propria amante. In un posto diverso da quello destinato alla mogliera e alla figliolanza, però sempre lontano dalle possibili vendette dei malvagi comunisti. Ma a quel punto accadde l'imprevisto: la Maialina rifiutò di partire.

Con la dialettica speciale che lei conosceva come poche altre donne, convinse il Cavaliere a lasciarla in città. Gli spiegò, con un sorriso ricco di promesse: «Così ci potremo vedere senza tutte le trappole che complicano la vita». E per festeggiare si presentò alla modisteria con l'ennesimo assegno.

La madre di Paolo si congratulò con lei. Poi le chiese: «Non hai paura dei comunisti?». La Maialina sfoggiò un sorriso al veleno. E rispose: «Per niente. Li conosco bene. Prima di incontrare il Cavaliere, ne ho portati a letto un paio. E ho visto che parlano, parlano, ma arrivati al dunque combinano poco».

La modista finse di stupirsi: «Dici davvero? Non l'avrei mai pensato. Hanno sempre l'aria dei maschioni!». La Maialina replicò con una risata: «Anche sotto le lenzuola sono degli sbruffoni e basta. Dichiarano di essere forti come Maciste. Ma stringi stringi si rivelano molli come un fico andato a male».

La conclusione della ragazzaccia fu drastica: «Accadrà lo stesso il 18 aprile. Quel giorno vinceranno i preti, i democristiani e i ricchi. Compreso il Cavaliere. Gli italiani non amano i poveri e scelgono sempre chi ha il portafoglio gonfio. Per questo mi sono risparmiata la trasferta in Svizzera. Non mi andava di fare l'esiliata in qualche hotel in mezzo alla neve».

La Maialina ebbe ragione. E seguitò a pompare quattrini dalle tasche del cavalier Teodoro. Tasche larghe e sempre ben fornite. Per la fortuna sua e della madre di Paolo. «La mamma era ben felice che la Dc avesse vinto. E previde che gli incassi del suo negozio sarebbero cresciuti. Poi la storia ebbe un seguito» raccontò a Carlotta.

Un anno dopo la vittoria democristiana del 18 aprile, la Maialina si stufò del Cavaliere. E lo sostituì con un nuovo moroso: un deputato democristiano, diventato sottosegretario. Costui era un politico molto svelto. Dopo la messa mattutina, cominciava subito a trafficare. Anche lui rimase folgorato dalla bellezza dell'Angela e si mise al suo servizio.

Prima di ogni nottata di baldoria, le recitava una filastrocca da bambini: «Angela bell'Angela, vieni qui da me, ti darò il pan del re, ti darò il pan della regina, Angela bell'Angela vieni a me vicina!». Poi ci dava dentro. Come amante non si rivelò un granché. In compenso era generoso, all'incirca quanto il cavalier Teodoro. E gli assegni per la Maialina, e per la modisteria, non mancarono mai.

L'Angela era davvero una ragazza imprevedibile. Si stancò presto del deputato e si innamorò di un seminarista che stava per essere ordinato sacerdote. Era un giovane di ventitré anni e lei lo conobbe per caso, sempre nella modisteria della madre di Paolo. Il chierico voleva acquistare due abiti talari e qualcuno lo aveva indirizzato in quel negozio.

Tra i due esplose un colpo di fulmine, ben più potente di quello che aveva mandato al tappeto il cavalier Teodoro. L'Angela si convinse di aver trovato l'anima gemella. E lo stesso pensò il seminarista. Presero una decisione pazza. Lui rinunciò al sacerdozio e convinse la Maialina a seguirlo al suo paese natale, un bricco di case nel Monferrato più interno.

Purtroppo per loro, quello era un territorio pericoloso. Percorso da bande di ex partigiani rossi che non volevano gettare le armi ed erano infuriati per la sconfitta del Fronte popolare. Una notte penetrarono nel cascinotto diventato l'abitazione della coppia. E uccisero a rivoltellate i due amanti.

«In città si parlò molto di quel duplice omicidio. Ma lo sconcerto durò poco» raccontò Paolo. «L'unico a soffrirne fu il cavalier Teodoro. La morte della Maialina lo ferì nel profondo dell'anima. Perse ogni interesse al lavoro e alla vita. Deperì a vista d'occhio e infine morì all'improvviso, ucciso da un infarto.»

«È una storia terribile!» esclamò Carlotta. «Era iniziata in allegria, con "La Settimana Enigmistica" acquistata in un'edicola affidata a una ragazza svelta. Per finire con la morte di tre persone.»

«Così è la vita, mia cara» si limitò a concludere Paolo.

14
La signora pallida

«Un tempo le cinquantenni venivano considerate anziane e qualche volta al limite della vecchiaia» disse Paolo a Carlotta. «La vita media degli italiani era ancora molto bassa, l'esistenza si presentava carica di fatica e le donne non si curavano del proprio aspetto come fate voi oggi. Eppure anche in una società dove il sesso non era sbandierato poteva accadere che una donna di cinquantacinque anni avesse una storia d'amore con un ragazzo poco più che adolescente. Una storia di certo non alla luce del sole, ma che lasciò un segno profondo in chi la visse.»

Carlotta lo interruppe: «Non prendermi in giro. Siccome immagino che tu stia per raccontarmi di quando hai fatto l'amore per la prima volta, cerca di essere preciso. Dal momento che perdere la verginità è molto importante nella vita di voi maschi, persino di più che per una ragazza».

«Già, non ci ho mai riflettuto. Ma penso che sia vero. Sai spiegarmi il perché?» domandò Paolo a Carlotta.

Lei sospirò: «Non sono acuta come tu credi che sia. Dovresti domandarlo a uno psicanalista. Forse dipende dal fatto che il sesso è più importante per un maschio che per una femmina. La verità è che il genere debole siete voi, non noi. Il sesso vi attrae, ma ne avete anche paura. Parla, su, sono pronta ad ascoltarti».

La signora si chiamava Elvira S. Abitava in un piccolo alloggio del pianterreno, all'interno del secondo cortile del vecchio palazzo dove era cresciuto Paolo. La sua casa era ridotta al minimo. Una stanza faceva da ingresso e da cucina, nella seconda c'era il letto e un minuscolo bagno. Tutto lì.

L'Elvira era una bruna piccola di statura, con un corpo cicciosetto e belle gambe dalle caviglie sottili. Nel palazzo molti la ritenevano una vedova, ma non era così. Durante la guerra civile, il marito era stato un milite della Brigata nera di Alessandria, la Attilio Prato. E dopo il 25 aprile un tribunale del popolo lo aveva condannato a dieci anni di reclusione che stava scontando nel penitenziario di Portolongone, all'Isola d'Elba.

La moglie si era ridotta a vivere da sola. Senza figli né parenti vicini, campava con i risparmi del marito. Le malelingue sostenevano che, prima di essere catturato, il brigatista le avesse consegnato un piccolo tesoro: un bel po' di gioielli sequestrati agli ebrei della città destinati alla deportazione. Fondata o meno che fosse la diceria, era bastato il sospetto per isolare l'Elvira. Nessuno del caseggiato le rivolgeva la parola, nessuno andava mai a trovarla.

Uno solo sembrava interessato a lei. Era Paolo, che nel 1952 aveva diciassette anni e abitava in un appartamento del primo piano affacciato sul cortile. Dalla ringhiera, osservava l'Elvira quando usciva dal suo buco e si sedeva su uno scagnetto a prendere un po' d'aria. Era sempre vestita nello stesso modo. Una gonna corta, una camicetta azzurra e un golfino. Nell'esporre le gambe al sole, arrotolava sulle caviglie le calze di nylon. E sollevava la gonna di qualche centimetro. Lo faceva con un gesto furtivo che a Paolo sembrava impudico e proprio per questo lo attraeva.

Lei si era accorta subito che il ragazzo del primo piano la stava scrutando, ma si limitava a fissarlo impassibile. Lui pensò che volesse tenerlo alla larga, nel timore di dover iniziare un rapporto amichevole. In seguito Paolo si rese conto che a eccitarlo erano il pallore del viso e le calze arrotolate. Si chiedeva che gesto facesse nel levarsele. Poi nel togliersi la gonna e liberarsi delle mutandine. La immaginava nuda, distesa sul letto, pronta a offrirsi. Domandava a se stesso se gli sarebbe piaciuta nel vederla così. A forza di chiederselo, decise di farsi avanti. E un pomeriggio di novembre bussò alla sua porta.

Lei aprì subito, poi gli ordinò: «Vieni dentro, non farti vedere dalle pettegole del palazzo. E poi c'è un nebbione che sale dal Po». Aveva un modo imperativo di accoglierlo e una voce rauca che a Paolo diedero un brivido. Con un gesto della mano lo invitò a sedersi al tavolo della cucina. Allora gli domandò: «Che cosa vuoi da me?».

Paolo si era preparato a una richiesta diretta. E rispose: «Quello che un giovanotto vuole da una signora». Lei non si mostrò sorpresa, però lo corresse:

«Non chiamarmi signora, ma Elvira. E poi tu non sei ancora un giovanotto. Quanti anni hai?». «Diciassette, li ho compiuti un mese fa.» Lei osservò: «Ti facevo più grande. Oggi i maschi crescono in fretta. E anche tu mi fai sentire vecchia. Ho passato i cinquanta e potrei essere tua madre o tua zia».

Poi lo assalì con una domanda: «Sei proprio sicuro che una cinquantenne ti piaccia?». Lui rispose sì con un cenno del capo. Lei gli chiese ancora: «Non preferiresti una ragazza di quelle che per la strada mostrano il culo al prossimo?». «No, mi piace lei.» «Perché?» «Perché mi sento al sicuro. Come se lei fosse mia mamma.» L'Elvira scosse la testa: «È sempre la stessa storia. Anche tu vorresti andare a letto con tua madre, ma non puoi farlo. E allora la rimpiazzi con una come me».

L'Elvira rimase a scrutarlo in silenzio. Poi gli chiese: «Sei mai stato con una signora?». Il ragazzo mormorò: «No, mai». Allora lei sospirò: «Se decido di portarti nel mio letto, mi prendo una grande responsabilità. La prima volta è decisiva. Se va bene, tutto dopo andrà bene. Se va male, saranno guai anche per il futuro».

Il ragazzo seguitò a guardarla senza parlare. Lei continuò: «Vorrei sapere perché mi hai messo gli occhi addosso». Paolo si sentiva confuso, ma balbettò: «Lei è la donna che vedo quasi ogni giorno. Mi piace il suo volto pallido, non so perché. E mi intriga quando prende il sole sulle gambe con le calze arrotolate...».

La signora pallida lo zittì: «Ho capito. Fare l'amore con un giovanotto porta bene a una cinquantenne come me. Vuol dire che non sono ancora da buttare nel guardaroba dei cani. Ma oggi non posso, ho le mie cose. Vieni a trovarmi fra due giorni, allora sarò pronta».

Quando arrivò il pomeriggio tanto atteso, Paolo bussò alla porta dell'Elvira. Lei lo lasciò entrare, poi chiuse l'uscio a chiave. Gli ordinò di sedersi al tavolo della cucina. Era la metà di novembre e la luce del giorno stava scemando. Sembrava contenta di vederlo. Indossava una vestaglietta e ai piedi aveva delle pantofole consumate. Il viso sembrava meno pallido del solito. Poi il ragazzo si rese conto che si era data sul volto un buon strato di cipria. Le labbra erano coperte di rossetto.

L'Elvira gli domandò: «Sei davvero deciso a coricarti con me? Se ci hai ripensato, non avere problemi a dirmelo». Il ragazzo farfugliò: «Non ho nessun problema. Sono soltanto un po' ansioso». Lei rise: «Tra poco l'ansia ti passerà. Ti aiuterò io. Anzi, lo farò subito».

L'Elvira si alzò di scatto e andò a mettersi a cavalcioni sulle gambe del ragazzo. Mentre lo faceva, la vestaglietta si aprì. Non aveva la sottoveste e neppure le calze, soltanto il reggipetto e le mutande. Il suo inguine premeva su quello del ragazzo. Lei sospirò: «Caspita, ti sento già pronto. I maschi della tua età non hanno bisogno di tanti preliminari. Andiamo di là».

Era una stanza povera, persino più della cucina.

Un letto a due piazze. I comodini. Un cassettone da poco. Una poltroncina un po' logora. Alle pareti c'era una stampa da quattro soldi con l'immagine della Madonna nera del santuario di Crea. Lei domandò a Paolo: «La Vergine Maria ti mette soggezione?». «Per niente.» «Meglio così, altrimenti sarei costretta a voltarla.»

Andò a chiudere le ante dell'unica finestra che dava sul cortiletto di un'altra casa. Poi tolse dal letto la coperta, una vecchia catalogna fatta di tante pezze di lana dal colore diverso. Quindi gli mostrò le lenzuola: «Roba di bucato. Come le federe dei cuscini. Sono una signora povera, ma pulita». Infine si sedette sulla sponda del letto e ordinò al ragazzo: «Spogliati del tutto. Voglio vederti nudo».

Si sfilò la vestaglietta e Carlo ammirò un corpo sodo, il ventre meno ciccioso di quel che pensava, le tette robuste, le cosce piene. Ma a sorprenderlo fu il volto. Adesso non era per niente pallido, bensì accaldato. La sua pelle aveva un buon odore, un misto di sapone di Marsiglia e di acqua di colonia. I capezzoli apparivano molto pronunciati e quando il ragazzo li sfiorò si accorse che erano duri.

L'Elvira vide che il ragazzo stava tremando. Ripensando alla sua prima volta tanti anni dopo, Paolo confessò a Carlotta: «Avevo paura. Mi ero figurato quel momento una quantità di volte e adesso che stava arrivando rischiavo di fallire per il panico. L'Elvira comprese che cosa stavo provando e fu molto rapida».

Con un gesto secco si liberò delle mutande e rimase

soltanto con il corpetto. Quindi si abbandonò con la schiena sul letto, allargò le gambe, prese il membro di Paolo e lo introdusse nella sua fessura, calda e bagnata. Quindi lo spinse all'interno e gli ordinò: «Adesso muoviti adagio, non avere fretta, prima in avanti, poi un cicinino indietro, poi di nuovo in avanti...».

Accadde tutto in pochi istanti. Per primo urlò Paolo, poi lei. Quando si rimise seduta, constatò: «Mi hai inondata. Se ti senti capace di rifarlo subito, andrò a ripulirmi dopo». Paolo la prese una seconda volta. Lei esclamò, con una voce sempre più rauca: «Sei un cavallo da monta. Non ti facevo così forte». Condusse il ragazzo nel piccolo vano del cesso e lo ripulì. Lo stesso fece con sé. Poi lo congedò dicendo: «Se ti va, ritorna domani pomeriggio».

Paolo ritornò dall'Elvira altre volte. Era lei a decidere i loro incontri. Stabiliva quando poteva riceverlo e quando no. E diventò un tantino autoritaria. Un giorno disse al ragazzo: «Non troverai più una cinquantenne scatenata come me. Le donne della mia età mi sembrano tutte delle vecchie pronte per il camposanto. Potrò vantarmi di aver avuto un amante ancora minorenne. Ma domani mio marito uscirà dal carcere. E dovrò soddisfare lui. Non bussare più alla mia porta».

«Vedo che ricordi tutto come se fosse accaduto ieri» osservò Carlotta.

«Quel pomeriggio è stato molto importante per me, ma l'ho rievocato soltanto perché me l'hai chiesto. Da allora sono trascorsi troppi anni. Se mi guardo intorno vedo soltanto dei fantasmi. L'Elvira sarà morta da un pezzo. Come tante delle donne che mi hanno offerto un po' di amore. Tuttavia la vecchiaia ha un vantaggio che nessun'altra età possiede.»

«E quale sarebbe?» domandò la ragazza.

«Quello di incontrare, anche soltanto per una chiacchierata, qualche donna giovane che ti fa scordare il passare del tempo. Come con te, mia cara fanciulla.»

Carlotta era davvero una birba e domandò a Paolo: «Per caso ci stai provando?».

Lui finse di scandalizzarsi: «Non bestemmiare, sciagurata. Torna alla ragazzaglia, quello è il tuo ambiente».

15
Lina, la sarta

Carlotta incalzò Paolo perché le parlasse ancora della sua gioventù. «Che cosa hai combinato dopo che la signora pallida ti ha messo alla porta per sempre?»

«Dovremmo parlare dell'Italia del dopoguerra e invece vuoi sapere tutto delle mie donne» rispose lui fingendo di sgridarla. Poi si lasciò andare: «A prendersi cura di me è stata la Lina, un'altra nostra vicina di casa. A differenza della Elvira, considerata una sfaccendata, lei aveva un mestiere preciso: faceva la sarta sia da uomo che da donna».

Nell'Italia del dopoguerra e sino agli anni Sessanta, la professione della sarta era molto diffusa e poteva rendere bene. Il perché è facile da immaginare. Allora non esistevano le grandi catene di abbigliamento. Tutto doveva essere cucito a mano in laboratori di solito tra le mura domestiche, nel senso che erano la continuazione dell'alloggio della sarta o del sarto.

«Questa signora Lina abitava sulla nostra stessa ringhiera. Anche lei lavorava in casa. E i clienti non le mancavano. Era davvero brava e aveva un bel carattere: brioso, sempre allegro, molto cortese. Una donna sui quaranta, ancora nubile, piccola, ben fatta, gambe robuste ma affilate, abbastanza forte da poter resistere in piedi per ore e ore.»

A Paolo la Lina piaceva e lui piaceva alla Lina. Il motivo è chiaro: era un bel ragazzo vicino ai diciannove anni, cortese, educato, mai villano. E in grado di parlare con lei di un argomento che la attraeva molto: la politica di quel tempo. La sarta si definiva una socialdemocratica. Ammiratrice di Giuseppe Saragat e soprattutto di Umberto Calosso, che durante la guerra parlava agli italiani da Radio Londra.

Un pomeriggio di metà dicembre, Paolo andò a trovarla, come ormai faceva da quasi un anno. Stava scendendo il buio e per di più cadeva la neve, così tanta che sembrava pagata per venire giù. Il caseggiato era sprofondato nel silenzio, quasi che gli inquilini se ne fossero andati via tutti.

La sarta stava stirando un abito appena finito. Il ragazzo si sedette di fronte a lei e rimase lì a scrutarla. Lina gli chiese: «Perché mi guardi?».

Lui alzò le spalle: «La guardo perché con lei non mi è permesso di fare altro. Mi accontento di questo, da tanti mesi».

In quel momento, il magone che la Lina sentiva dentro di sé diventò insopportabile. Scoppiò a piangere. Piangeva come una fontana, tanto che fu costretta a posare il ferro da stiro e a spegnerlo. Altrimenti quel vestito l'avrebbe rovinato.

«Perché piange, signora Lina?» le domandò Paolo, allarmato.

Lei cercò di calmarsi e rispose, tra i singhiozzi: «Piango perché sono una disgraziata, una vera bestia. So bene che cosa ti aspetti da me. E invece di dartelo, la tiro per le lunghe, la faccio grossa e ti lascio sempre a bocca asciutta. Ma adesso basta. Farò quello che desideri e che voglio anch'io».

Mentre si asciugava le lacrime, chiese a Paolo: «Sei sicuro di voler fare l'amore con me?». Lui balbettò: «Sì, certo...». La Lina gli domandò ancora: «Non sarebbe meglio farlo con una ragazza della tua età? In città ne ho viste di davvero belle. Anch'io non sono da buttare via, ma sto per compiere quarant'anni e tu ne hai meno di venti».

Paolo scosse la testa: «Quelle belle non guardano mai i coetanei. Hanno gli occhi soltanto per i signori più adulti. Ho sentito dire che qualcuna si dà via in cambio di denaro. Per soldi lo fanno anche con dei vecchi».

La sarta sospirò: «È sempre successo. Più la merce è giovane, più è molto richiesta e costa cara. Ma io non sono più giovane. So che ti piaccio molto. L'ho capito da un pezzo. Però un conto è il desiderio, un altro la realtà. Tu non sai come è fatto il mio corpo. E se nel vedermi nuda non ti piacessi? Oppure se coricarti con me fosse una delusione? La nostra amicizia finirebbe. Mentre io ci tengo molto a non perderla».

All'improvviso si avvicinò a Paolo e lo baciò. Un bacio vero, da amanti, con la lingua dentro la bocca. Lui sapeva di dentifricio e rispose da impacciato. Ma la Lina voleva provocarlo per capire come reagiva. Lo accarezzò sull'inguine. E si accorse che il desiderio del ragazzo era tanto. Lo stesso succedeva a lei.

Paolo le mise le mani sotto la gonna. Però la sarta si ritrasse e lo respinse. Non aveva previsto quel che stava accadendo. Dopo una giornata di lavoro si sentiva sudata e sporca. Avrebbe voluto lavarsi, cambiarsi, profumarsi. Ma si rese conto che le mancava la forza di farlo e di chiedere al ragazzo di aspettare. Aveva immaginato che, prima o poi, si sarebbe presa Paolo. Però tutto stava accadendo molto in fretta.

Fu così che la Lina si decise. Andò a chiudere la porta dell'alloggio a chiave. E disse al ragazzo: «Vieni di là con me». Lo prese per mano e lo condusse in camera. Era una stanza piccola, però molto ordinata. Il letto matrimoniale, due comodini, un comò più grande con la specchiera, le tende alla finestra. Tutto profumava di pulito.

La camera era quasi gelida, perché le uniche stufe dell'alloggio stavano nel laboratorio e in cucina. Mentre accostava le ante della finestra e accendeva le due piccole lampade sui comodini, la sarta chiese a Paolo: «Senti freddo?». Lui scosse la testa: «Per niente». La Lina sorrise: «Sei un vero bugiardo. Ma se è così, spogliati, da capo a piedi».

Anche lei iniziò a spogliarsi. Seduta sul letto, si tolse le scarpe, l'abito e la sottoveste. Poi slacciò le calze dalle giarrettiere e se le sfilò, quindi si levò il reggipetto. Fece tutto a occhi chiusi. Quando li riaprì, vide davanti a sé Paolo: si era spogliato soltanto in parte, perché indossava ancora le mutande. Un paio di quelle che gli aveva cucito lei, su richiesta di sua madre.

Gli disse: «Aiutami a togliermi il corsetto». Era di tessuto elastico e, per levarselo, doveva dimenarsi un po'. Lina rimase con le mutandine di lanetta. Le portava sempre durante l'inverno, per non patire troppo il freddo. Disse al ragazzo: «Queste me le devi togliere tu. E levati anche i tuoi mutandoni».

Si ritrovarono nudi, in piedi, uno di fronte all'altra. A Lina bastò un'occhiata per capire che Paolo era già molto eccitato. E che non avrebbe avuto bisogno di nessuna delle furbizie che i maschi più anziani pretendevano prima di arrivare al dunque.

Gli domandò: «Hai incontrato qualche altra signora mentre ti facevo aspettare?». Lui deglutì e con la testa rispose no, consapevole di dire una bugia. «Allora non sai come fare, adesso» osservò la Lina. Paolo balbettò: «È vero, non lo so».

«Meglio così» disse lei. «Sono stufa di maschi più grandi che alle donne la chiedono con la boria del sultano. Mi è toccato respingerli, ma che fatica! Loro pensano che le femmine siano sempre pronte a soddisfarli. Tu invece sei un ragazzo gentile e inesperto. Non ti preoccupare, ci penserò io.»

La sarta si sdraiò sul bordo del letto, con le gambe oltre la sponda. Allargò le cosce, prese con delicatezza il membro del ragazzo e lo aiutò a entrare dentro di lei. Era caldissima, e Paolo trovò la strada con facilità.

Quando Lina lo sentì, ordinò: «Muoviti, ma adagio. Stai attento a non uscire. Ecco, fai così. Avanti, indietro, di nuovo avanti, uno, due. Bravo, continua così che vai bene...».

Non le riuscì più di parlare perché venne per prima. Con un rantolo che diventò un grido soffocato.

Poi venne lui, con un orgasmo lento, ma fortissimo. Cominciò a gridare e Lina gli tappò la bocca, come se dietro la parete della stanza da letto qualcuno stesse in ascolto. Quando si calmarono, disse: «Mi hai inondata! Per fortuna che sono sterile, altrimenti potrebbe capitarmi di restarci...». Paolo balbettò: «Di restarci come?». «Incinta, scemo che non sei altro!»

Mentre gli parlava, Lina si accorse che il ragazzo aveva di nuovo voglia. Allora gli disse: «Prendimi un'altra volta. Ma adesso da dietro. E stai attento a non sbagliare». Si mise di spalle, con le mani allargò le natiche e gli offrì il suo tesoro, sempre caldo, turgido, aperto. Questa volta fu lui a venire per primo, urlando di nuovo, seguito da Lina.

La sarta andò a ripulirsi nella stanza da bagno. Poi, usando un'altra salvietta, sempre profumata, lavò con cura anche il ragazzo, dicendogli: «L'igiene prima di tutto!».

Si rivestirono. Lui ci mise un'infinità di tempo. Sembrava suonato. Barcollava. La Lina fu costretta a sorreggerlo. Nel farlo, da vera scema si mise di nuovo a piangere. Le sembrava di essere una mamma che sistema un bambino piccolo.

Lina chiese a Paolo: «Ti ho soddisfatto?». Lui farfugliò: «Sì. È stato anche meglio di come lo immaginavo». Lei domandò: «Che cosa ti è piaciuto del mio corpo?». Il ragazzo arrossì: «La sua fessura. E l'odore che ha». «E com'è questo odore?» «Forte, aspro, un po' amaro.» «Ti piacerebbe leccarmi? Se è così, fallo subito.»

Era già vestita, ma si sdraiò di nuovo sul letto, abbassò le mutande e si consegnò alla lingua di Paolo. Il ragazzo le mise il viso tre le cosce e si scatenò. La Lina non si aspettava tanto ardore. Rimase sconvolta dal piacere che provava. Quasi non si rese conto di urlare. Venne per la terza volta. Poi fu costretta a supplicarlo: «Adesso basta, mi fai morire!».

Quando ritornarono nel laboratorio era diventato buio. La neve cadeva sempre, a fiocchi larghi. Lina si sentiva stremata. Ma trovò la forza per chiedere a Paolo: «Come ti senti, dopo la tua prima volta?». Lui farfugliò: «Confuso». Lei sospirò: «Ti capisco. E ti invidio. Io ormai non mi confondo più».

Carlotta aveva ascoltato Paolo con molta attenzione. Poi osservò: «Non immaginavo che quando eri giovane esistessero tante donne disposte a offrirsi a un ragazzo. Il sesso è davvero senza tempo. C'è qualcosa di magico che sorveglia i nostri desideri e ci fa incontrare pure chi non sa ancora di essere pronto a diventare nostro amante. E poi le donne non più giovani hanno un intuito speciale nell'individuare chi ha bisogno di loro, soprattutto se hanno tra le mani un ragazzo».

Paolo le disse: «È così. E come vedi, non era necessario spendersi in tanti corteggiamenti. Forse oggi gli incontri d'amore seguono percorsi diversi, che io non conosco. Non so neppure se tu sia ancora vergine o no…».

«Vuoi la verità?» domandò Carlotta. «No, non sono più vergine. Ma è come se lo fossi. La mia prima volta è stata con un signore meno anziano di te, un sessantenne. Un ingegnere che aveva perso la testa per me. La sua corte era asfissiante. Mi annoiava. Gli ho ceduto e ho scoperto che aveva un'unica cartuccia da sparare. Viveva da solo e sono stata io ad andare da lui. Mi ha presa con brutalità. Dopo mi sono messa a piangere. E ho scoperto che lui rideva. Sono fuggita. E quando lo vedevo cambiavo strada.»

«Da quella volta non l'hai più fatto con nessuno?» si lasciò scappare Paolo. La ragazza reagì stizzita: «Potrei fraintendere la tua curiosità. È meglio che certe domande le tenga per te».

16
La Festa delle Porcelle

«Basta parlare di noi due. Ti hanno mai raccontato della Festa delle Porcelle?» chiese Paolo a Carlotta.

«Che razza di festa è?» domandò lei. «Scommetto che stai pensando a una storia a luci rosse, di quelle che ti piacciono tanto. Prima di frequentarti, ti consideravo un signore austero, senza grilli per la testa. Ma adesso sto scoprendo che sei pieno di malizie e di rimpianti. Di solito ruotano attorno a un tema solo: il sesso.»

Paolo sorrise: «Tutti i signori anziani sono simili a me. Con una differenza importante: pochi hanno la fortuna di avere accanto un'assistente bella e spigliata come te. Sarei uno sciocco se non ne approfittassi. Non parlo di faccende sconvenienti. Anche se qualche volta mi domando come mi comporterei se tu non fossi la figlia di un amico, ma una super badante intelligente, colta e ancora lontana dal compiere trent'anni».

Carlotta, una vera birbante, si divertiva a provocare Paolo. Non si lasciò scappare l'occasione: «Come ti comporteresti? Proveresti a farmi delle proposte indecenti?».

«Non dire bestialità!» ruggì Paolo. «E ascoltami rievocare la Festa delle Porcelle.»

Nella città di Paolo veniva chiamata così la ricorrenza del giorno di san Pietro, il patrono dei pescatori del Po. Quella sera, lungo il fiume, il municipio organizzava uno spettacolo di fuochi d'artificio e piazza Castello si riempiva di gente. Per apprezzare meglio lo spettacolo, l'illuminazione pubblica veniva spenta. E gran parte della piazza affondava nel buio per un paio di ore.

Era risaputo che cosa accadesse nell'oscurità, ma nessuno ne parlava. Per un motivo imbarazzante da rivelare, pur essendo di una semplicità legata all'esistenza e ai desideri di maschi e femmine. Non poche signore e signorine sapevano di poter trovare dei ragazzacci che le aspettavano. Di solito si trattava di zitelle o di malmaritate ormai mature, ancora piene di voglie e disposte a farsi strapazzare senza essere viste da nessuno.

Qualcuno si domanderà di quale intensità fossero queste carezze audaci. Erano veri e propri rapporti sessuali, ma soltanto di natura orale. Senza convenevoli e destinati a non essere mai rivelati e neppure ricordati. Per questo la festa era stata ribattezzata «delle Porcelle». Ossia di un certo tipo di signore e signorine in apparenza irreprensibili, ma che in quel modo davano sfogo a tanti desideri repressi.

Tutto si svolgeva accanto al muretto che delimitava il fossato del Castello. Mentre sull'altra riva del Po si alzavano i primi fuochi artificiali, nel buio profondo che circondava il maniero cominciava una sarabanda sfrenata, ma alla cieca. Le porcelle si inoltravano a tentoni nell'oscurità. Pronte a fermarsi non appena venivano afferrate da un maschiotto che non conoscevano e che non volevano conoscere.

A quel punto la cacciatrice aveva più di una scelta. Se desiderava essere strafugnata, si sollevava la gonna, abbassava le mutandine sino a metà gamba e lasciava spazio alle mani dello sconosciuto. Era un momento magico che, di solito, procurava un orgasmo frenetico e poteva avere anche un bis. Oppure, sempre senza dir nulla, la signora si inoltrava dentro i pantaloni del ragazzaccio, ne estraeva il membro, cominciava a succhiarlo sino a farlo esplodere.

La magia della Festa porcellona consisteva proprio nell'anonimato mantenuto durante e dopo l'incontro. Era un insieme di rapporti sessuali tra ignoti. Allora si raccontava che qualcosa di simile accadesse in bordelli molto sofisticati e costosi. Dove la prostituta e il cliente portavano sul viso una maschera. E nessuno dei due sapeva con chi avrebbe fornicato. Al limite potevano incontrarsi zia e nipote, oppure un sacerdote e una suora, o ancora una studentessa e il suo insegnante.

Tutto sembrava perfetto: un gioco sessuale condotto nella discrezione più assoluta. Ma la sera del 29 giugno 1950 successe quello che nessuno aveva previsto. Una signora sui quarant'anni si abbandonò tra le braccia di un giovanotto, Mario B. Prima lo assalì come se fosse lei a cercare di violentarlo. Poi si lasciò strafugnare tra le cosce, ansando per il piacere. Quindi gli regalò due rapporti orali davvero potenti. Tutto durò venti minuti, non di più.

Infine lei fuggì per evitare il rischio di essere riconosciuta. Ma correndo via le cadde il borsellino. Il ragazzo lo raccolse, però non fu in grado di consegnarlo alla proprietaria dal momento che la signora era scomparsa.

Ritornato a casa, il ragazzo si accorse di avere tra le mani la carta d'identità della signora. E sussultò. Era la preside del liceo classico della città: Enrica M., una single di quarantadue anni, una donna austera che si atteggiava a tutrice inflessibile della moralità dei suoi studenti.

Sbalordito, il ragazzo si domandò che cosa dovesse fare. Sino all'estate precedente aveva studiato in quell'istituto, sperimentando quanto fosse severa la preside. E adesso scopriva che, nascosta sotto quella corazza, c'era una femmina disposta ad andare in calore. Pronta a fare sesso anche con un maschio sconosciuto.

Mario B. concluse che aveva l'obbligo di restituire il borsellino e la carta d'identità alla legittima proprietaria. Qualche giorno dopo, si presentò all'istituto. Lo trovò deserto poiché le vacanze estive erano già cominciate, mentre gli esami di maturità sarebbero iniziati soltanto dopo una settimana. Spiegò alla segretaria del liceo di dover conferire con la signora preside per ragioni personali. E gli venne concesso di parlarle.

Mario fu ricevuto dalla preside che lo accolse in piedi, dietro la scrivania. Gli ordinò: «Vieni avanti, ma non farmi perdere tempo». Sul volto aveva una smorfia di fastidio, accompagnata dal solito modo di fare sbrigativo, da padrona della carrozza. Il ragazzo la scrutò con attenzione: era una donna alta, il corpo ancora snello, un bel viso da guerriera, lo stile di una comandante che ha questioni ben più importanti da affrontare.

Imbarazzato, Mario si limitò a dirle: «La sera del 29 giugno lei ha perso il borsellino in piazza Castello. Sono venuto a riportarglielo, signora preside. Eccolo, glielo consegno».

La preside sbiancò in volto e sembrò a un passo dallo svenire. Ma era una donna forte, si riprese subito e ordinò allo studente di sedersi di fronte a lei. Senza battere ciglio, gli domandò: «Eri in piazza Castello per vedere i fuochi artificiali e hai trovato per caso il mio borsellino?».

Mario scosse la testa: «No, stavo lì sperando di incontrare qualche signora disposta a essere gentile con me. Lei sa bene che cosa succede nel buio della notte di san Pietro. Quella signora l'ho trovata ed è stata molto generosa. Poi ho scoperto che nell'andarsene via in fretta aveva perso il portafoglio. E ho pensato di riportarglielo».

La preside rimase in silenzio per un tempo infinito. Poi replicò: «Dunque tu e io ci siamo conosciuti in una situazione speciale che spero non rivelerai a nessuno. Tutti gli esseri umani hanno un lato fragile. Io ho approfittato della tua passione per le femmine e tu della mia voglia naturale di sfogarmi con un maschio. Succede dappertutto, siamo entrambi adulti e non dobbiamo rendere conto a nessuno delle nostre azioni. Apprezzo molto la tua cortesia. E per dimostrarti la mia gratitudine ti inviterò a cena da me, questa sera stessa, alle nove in punto. Sono certa che accetterai. Adesso devo congedarti perché ho molto da fare».

Sbalordito dai nervi d'acciaio della preside, Mario si recò da lei alle nove spaccate. La signora abitava in un alloggio dell'Agro Callori, il quartiere dei ricchi. Prima di sedersi a tavola, gli offrì un bicchiere di spumante. E spiegò: «Devo dirti qualcosa sul mio conto. L'età la conosci grazie alla carta d'identità: ho quarantatré anni, sono nubile ma non vergine, non ho un compagno né un fidanzato. Credo che resterò così per tutta la vita perché non voglio legarmi a nessuno. Provo gli stessi desideri delle donne sole che hanno la mia età. È il terzo anno che vado alla festa di san Pietro, in piazza Castello. Ma se avessi temuto di perdere il portafoglio, sarei rimasta casa. Invece ho incontrato te, un ragazzo gentile come ormai se ne vedono pochi, purtroppo».

Cenarono in silenzio. Mario era imbarazzato e la preside pure. Tra loro esisteva una cortina di nebbia che impediva alle parole e ai pensieri di confrontarsi. Poi la preside decise che era stufa di questa scena muta: «Tu e io abbiamo avuto un rapporto sessuale senza neppure vederci. Una condizione assurda che, tuttavia, ha soddisfatto entrambi, come ho constatato. Adesso voglio chiederti: ti sono piaciuta? Te lo domando perché sono una quarantenne e tu un ragazzo con la metà dei miei anni...».

Con un filo di voce, Mario rispose: «Certo, signora preside, lei mi è piaciuta molto».

«Se davvero è così, perché non ripetiamo il nostro incontro stasera, qui, nella mia camera da letto? Non dirò nulla a nessuno e spero che anche tu sottoscriva lo stesso impegno.» Con un cenno del capo, Mario rispose di sì.

Quella notte, tra la preside e lo studente cominciò una relazione profonda e molto sensuale. La prima nell'esistenza di Mario. Imparò tutto sul sesso. La preside non era soltanto una femmina molto calda, aveva anche i modi dell'insegnante che si prende cura di un allievo.

La loro storia durò tre anni. E finì soltanto quando il ministero della Pubblica istruzione mandò la preside a guidare il più importante liceo di Roma.

17
Bella ciao

«Caro Paolo, lasciamo perdere il tuo interesse per le donne. Perché non mi spieghi da dove nasce la tua grande passione per la Resistenza o, se vogliamo chiamarla in un altro modo, per la guerra civile italiana?» domandò Carlotta. «Allora tu eri soltanto un bambino. E di certo non hai militato in nessuna delle due parti che si combattevano.»

«Hai ragione» convenne Paolo. «Non ho combattuto, ma in compenso ho visto molte cose di quel periodo. E non devo ricordarti che la memoria dei bambini ha una forza che gli adulti non considerano quasi mai. Senza saperlo, il loro cervello fotografa una quantità di fatti e di persone. Poi nasconde queste immagini in uno scrigno segreto, destinato a rimanere chiuso per decenni. Quando arriva la vecchiaia, lo scrigno si apre e rivela quello che contiene.»

«Regalami un esempio» lo pregò la ragazza.

«Eccolo. Il 27 o il 28 aprile 1945 nella nostra città si svolse un corteo di partigiani. Lo precedeva una jeep americana. Sulla jeep stava ritto in piedi un comandante con due grandi baffi e il basco nero del vecchio Savoia Cavalleria. Lo riconobbi subito per aver visto la sua foto sulla "Stampa". Era il comandante garibaldino Pompeo Colajanni, il famoso Barbato. Dissi a mio padre: "Guarda, sulla jeep sta passando Porthos, uno dei moschettieri!". Lui replicò: "No, passa la libertà!".

«Colajanni poi diventò un deputato del Pci, viveva tra Palermo ed Enna. E, se mi recavo per lavoro in Sicilia, passavo sempre a trovarlo. Lui mi chiedeva: "Raccontami di quando mi hai visto passare sulla jeep e pensavi che fossi Porthos". Obbedivo e lui si commuoveva. Barbato era del 1906 ed è mancato a ottantun anni, la mia età di adesso.»

«Dunque è la tua memoria di bambino che ti ha spinto a scrivere così tanto della guerra partigiana» osservò Carlotta.

«Sì. Ma è stato decisivo un concorso bandito dalla presidenza della provincia di Alessandria per una monografia sulla guerra di Liberazione nel nostro territorio. Un mio amico, poi diventato un banchiere importante, aveva vinto un analogo concorso indetto dalla provincia di Vercelli. E mi spronò a partecipare a quello alessandrino. La giuria era presieduta dal numero uno della giunta, Giovanni Sisto. Democristiano, era stato un partigiano bianco con un nome di battaglia letterario: Tristano. Non mi riuscì di completare il lavoro, ma lo presentai lo stesso. E ricevetti un premio. Questo mi incitò a scegliere la tesi di laurea che in seguito venne stampata da Laterza con il titolo: *Guerra partigiana tra Genova e il Po*.

«Prima della laurea in Scienze politiche a Torino, conquistata con il massimo dei voti e la menzione della dignità di stampa, la mia fortuna fu di incontrare dei docenti che apprezzarono la mia ricerca: Alessandro Galante Garrone, Guido Quazza, Luigi Firpo. Il più estroso era Firpo, che insegnava Storia delle dottrine politiche. E voglio raccontarti del giorno che lo conobbi.

«Era la prima lezione del suo corso monografico, dedicato agli scritti giovanili di Karl Marx sulla "Gazzetta renana". In un'aula di Palazzo Campana eravamo ad ascoltarlo una trentina di studenti...»

«Così pochi?» si stupì Carlotta.

«Sì. Allora l'università era ancora elitaria, per usare un'etichetta spregiativa diventata di moda dopo il Sessantotto. Firpo ci parlò per un'ora dell'educazione sessuale dei giovani aztechi, con una libertà di linguaggio che in quei tempi poteva sembrare scandalosa, al limite del pornografico. E mandò al tappeto la prima fila, tutta di ragazze della borghesia torinese che non si aspettavano di ascoltare descrizioni anatomiche così precise.

«Quando Firpo concluse la lezione, mi feci coraggio e gli domandai che cosa c'entravano gli aztechi con gli scritti di Marx. Lui rispose: "Non c'entrano nulla. Ma ho tenuto questa lezione per dimostrarvi che qui comando io e faccio quello che mi pare e piace!".

«In quel tempo i baroni erano davvero dei baroni. Il rettore dell'università, Mario Allara, era un Padreterno inavvicinabile. Prendere un diciotto al suo esame di Diritto privato non era affatto semplice. Norberto Bobbio, insegnante di Filosofia del diritto, prima di iniziare la lezione chiudeva a chiave la porta dell'aula, per lasciare fuori gli studenti ritardatari. In compenso Alessandro Passerin d'Entrèves d'estate scriveva agli allievi delle lettere che di solito iniziavano così: "Durante il nostro corso, forse non ho risposto in modo corretto a una sua obiezione…".»

«Poi il caso mi fece incontrare uno dei protagonisti della Resistenza: Ferruccio Parri. Era stato il leader del Partito d'Azione e il comandante delle formazioni di Giustizia e Libertà. Una bandiera dell'antifascismo democratico, estraneo alla retorica partigiana e troppo onesto per diventare un politico professionale» spiegò Paolo.

«Dove l'hai conosciuto?» domandò Carlotta.

«Mi piace sempre raccontarlo» rispose Paolo. «È un episodio che non ha valore soltanto per me, dal momento che spiega come l'Italia tra gli anni Cinquanta e Sessanta non fosse affatto un paese avaro con i giovani. Per cominciare, nel maggio 1959 io avevo appena ventitré anni e mezzo. Se ci ripenso tremo, perché oggi un ragazzo di quell'età di solito è ben lontano dalla laurea. E non voglio neppure pensare in che modo trascorra le sue giornate di studente fuori corso.

«Ero riuscito a completare la mia tesi, un malloppo mostruoso, seicento pagine più un'appendice di documenti. E mi sarei laureato a metà luglio. Dunque ero ancora uno studente quando andai a Genova per assistere a un convegno sul fascismo e l'antifascismo, organizzato dall'Istituto nazionale per la storia del movimento di Liberazione in Italia, che Parri presiedeva.

«La città di Genova mi era famigliare. Vi avevo fatto molte ricerche per la tesi e mi ero imbattuto in una signora che, durante la guerra civile, era stata una staffetta partigiana. Era l'unica funzionaria dell'Istituto ligure per la storia della Resistenza. E fu la prima a narrarmi che cosa era successo alle donne, tanto alle partigiane quanto alle fasciste, nel corso della guerra civile. Violentate, assassinate, sepolte in tombe senza nome. Anche in seguito non ho più ascoltato racconti così veritieri...»

«Tra voi c'è stato qualcosa?» chiese Carlotta, maliziosa.

«Smettila di vedermi come un vecchio sottaniere. Da giovane non andavo sempre a caccia di donne. Tra noi non è successo nulla, ma non nego che mi piacesse. E io forse le piacevo, perché avevo vent'anni meno di lei. Ma ritorniamo a quel convegno di storici. Tieni conto che non ero soltanto molto giovane, ma non rappresentavo nessuno. In sostanza ero un battitore libero e non dovevo rispondere ad alcuna autorità accademica, politica e storiografica...»

«Mi sembra di vederti mentre ti comporti da perfetto rompiscatole! Gettando l'uditorio nello sconcerto e, qualcuno, nell'irritazione...»

«È andata esattamente così» ammise Paolo. «Dal momento che mi davano la parola, nonostante fossi uno studente qualsiasi, ne approfittai. Il mio stato d'animo era simile a quello di un teppista che si diverta a bestemmiare in chiesa. E la mia prima eresia fu di sostenere che non erano stati i partigiani a liberare l'Italia dal fascismo e dal nazismo. Per questa svolta decisiva della nostra storia, dovevamo ringraziare gli eserciti alleati: inglesi, americani, francesi, australiani, brasiliani, indiani. Tanti dei loro ragazzi erano morti in battaglia per aiutarci a ritornare una nazione che non doveva più vergognarsi di se stessa.

«Quindi passai a una questione che il pubblico, forse, non era preparato ad ascoltare. Prima ancora del 25 aprile, il Pci aveva subito imposto il proprio punto di vista sulla nostra guerra civile. Era di una semplicità che oggi definirei totalitaria» osservò Paolo. «Quel poco o tanto di Resistenza che si era fatto largo negli ultimi due anni di guerra era stato soprattutto comunista. Gli altri partiti avevano recitato un ruolo secondario o quasi inesistente. Di conseguenza chi non accettava la supremazia del Pci offendeva il movimento di Liberazione. E chi sosteneva che i comunisti intendevano imporre una dittatura popolare d'impronta sovietica era soltanto un fascista mascherato e un falsario.»

Carlotta esclamò: «Nel 1959 bisognava essere un pazzo per esporre tesi come queste. Inaccettabili per quel tempo e in quell'ambiente da parte di un ragazzo poco più che ventenne...».

«Se ci ripenso oggi, a tanti anni di distanza, mi sembra impossibile che io le abbia azzardate per davvero. Ma poi le ritrovai tutte nel resoconto stenografico del convegno. Insieme a un'altra delle mie sacrosante sparate. Sosteneva una verità che all'inizio del Duemila mi guidò nella stesura del mio libro più famoso: *Il sangue dei vinti*. Non voglio chiederti se tu l'abbia letto o no. Narrava le vendette dei partigiani compiute sui fascisti sconfitti dopo la Liberazione, quando la guerra si era già conclusa.

«A proposito di quel libro, apparso nel 2003» continuò Paolo, «devo raccontarti un dettaglio che quasi nessuno conosce. Allora il mio editore era la Sperling & Kupfer, ossia Tiziano Barbieri, il proprietario della casa editrice, e Carla Tanzi, il direttore editoriale. Loro erano ben felici di pubblicare la mia ricerca. Ma una parte importante delle redattrici nicchiava. Per un motivo che a me sembrava banale: erano tutte di sinistra e il libro gli appariva di destra.

«Che cosa le spinse a ricredersi? Il numero altissimo di copie vendute. A Natale di quell'anno erano quasi trecentomila! E la corsa del *Sangue dei vinti* continuò per mesi e mesi. È stato il mio libro che ha avuto più successo e che ancora oggi molti ricordano. A volte vengo fermato da signore o signori sconosciuti che mi ringraziano per averlo scritto.»

«Mio padre mi ha accennato alle battaglie che hai dovuto sostenere dopo *Il sangue dei vinti*» osservò Carlotta.

Paolo lo confermò: «È così. Ti confesso di essere stato tentato di raccontare in un libro successivo tutte le ostilità che emersero contro di me. Gli antagonisti rossi mi diedero la caccia. Lo stesso fecero molti politici che stavano in Parlamento. E tanti intellettuali, compreso un plotone di baroni universitari. Si ritenevano gli unici titolati a occuparsi della Resistenza. E mi misero al bando accusandomi di un reato per loro infame: il revisionismo storico. Una colpa ancora più nefanda perché commessa da un signore qualsiasi che non apparteneva alla loro Casta: un giornalista, un dilettante della ricerca storica».

«Immagino che tu non sia stato fermato dalle critiche di questi pennacchioni» osservò Carlotta.

«Certo, è andata così. Devo confidarti che la battaglia non solo non mi spaventava, ma mi piaceva. Tanto che qualche anno dopo scrissi un libro dal titolo beffardo: *Il revisionista*, stampato dalla Rizzoli. Ma seguitai anche a pubblicare tante delle storie che mi venivano raccontate dalle moltissime lettere che ancora oggi continuo a ricevere dai figli o dai nipoti di chi ha combattuto l'ultima battaglia di Mussolini.»

«Ma tu che cosa pensi del Duce, che da bambino avevi visto in una piazza della tua città, insieme a una delle tue nonne?» domandò Carlotta.

«Penso che fosse un politico con qualche qualità in più degli altri, parlo dei tanti che all'inizio degli anni Venti stavano a Montecitorio. Ha sconfitto l'estremismo rosso e riportato un po' di ordine in Italia. Ma dopo la marcia su Roma ha sbagliato tutto. Si è illuso che la dittatura fosse il regime giusto per un paese anarchico come l'Italia. Infine si è alleato con Hitler e ha disperso su troppi fronti di guerra le poche forze militari che avevamo. L'ultimo errore è stato quello di fondare una repubblica quasi socialista, almeno a parole, messa sotto la protezione della Germania nazista. E questo lo ha perduto.

«Vorrei ritornare alla giornata di Genova» continuò Paolo. «Qualcuno del pubblico mi diede del fascista per tutte le eresie che andavo dicendo. A cominciare da quella che sosteneva: per scrivere una storia vera della Resistenza è indispensabile utilizzare anche le fonti fasciste. Non piacque neppure che osassi affermare un'altra verità, la più banale: *Bella ciao* non poteva essere l'inno della guerra partigiana, poiché era una canzone delle mondariso, le famose mondine, sia pure con le parole cambiate.»

«Insomma, quel giorno hai fatto di tutto perché ti fischiassero!» osservò Carlotta sorridendo.

«In realtà nessuno mi fischiò» la corresse Paolo. «Soltanto un ex sindaco socialista di Genova, Vannuccio Faralli, un bel signore che portava ancora la cravatta a fiocco, si lamentò ad alta voce, molto irritato perché al convegno era stato ammesso anche un giovane missino di Almirante. Quando i lavori si conclusero, venni cercato da Parri. Era un signore anziano, con i capelli bianchi, lo sguardo mite del fanciullo. Il grande Maurizio mi disse: "È bene che i giovani cerchino di rompere i vetri, così noi anziani ci accorgiamo che sono sporchi e debbono essere sostituiti". Poi prese un libretto di assegni del Credito italiano e me ne firmò uno di venticinquemila lire. Dicendomi: "È un piccolo aiuto per affrontare i primi mesi dopo la laurea!".»

«Che cosa hai fatto di quei soldi?» domandò Carlotta.

«Niente. Nel senso che non ho mai presentato all'incasso l'assegno di Parri. Era il ricordo di un italiano onesto che aveva fatto molto per la libertà dell'Italia.»

18
Torture

«Ricorderai che una parte delle ricerche per la mia tesi di laurea mi portò a Genova, all'Istituto per la storia della Resistenza» riprese Paolo. «A sorvegliarmi era una signora che era stata staffetta partigiana. Doveva avere una quarantina di anni, una donna piccola, magrissima, con le labbra coperte di rossetto, fumatrice accanita. Era quasi sempre silenziosa, ma non mi staccava gli occhi di dosso.

«Soltanto alla vigilia della mia partenza, mi spiegò il motivo di quell'attenzione. Temeva che fossi un ladro di documenti. In quel tempo non esistevano le fotocopiatrici. Dunque, se trovavo un rapporto partigiano o del fascio repubblicano che poteva interessarmi, dovevo ricopiarlo su un quaderno. Ne avevo con me una scorta e mi gettai a corpo morto in quella fatica che mi portò via giornate intere.»

Carlotta osservò: «Nessuno fra i miei compagni di corso accetterebbe di sgobbare in questo modo per la propria tesi di laurea. Darebbe un'occhiata al documento che ha trovato, prenderebbe qualche appunto e tutto finirebbe lì...».

Paolo replicò: «Me ne sono reso conto leggendo alcune tesi che vengono presentate oggi. Sono fascicoletti di cinquanta-sessanta pagine, e rivelano tutta l'ignoranza e il fancazzismo dell'ottanta per cento dei laureandi. L'agonia dell'università italiana comincia da lì. Dalla pigrizia degli studenti e dall'inerzia colpevole dei docenti!

«Quando spiegai alla mia guardiana che mi sarei trattenuto a Genova per parecchi giorni» disse Paolo, «lei mi mandò da un'amica che viveva in un grande appartamento nel centro della città e poteva cedermi una camera per il tempo che intendevo trascorrere all'istituto. Aggiunse: "Anche lei, come me, è stata una staffetta partigiana e ha vissuto un'esperienza orrenda. Se deciderà di raccontargliela, l'aiuterà a comprendere i rischi terribili che hanno dovuto affrontare le ragazze che lavoravano per la Resistenza"».

La provvisoria padrona di casa di Paolo era una donna tra i quaranta e i quarantacinque anni: Egle B. Alta, molto magra, bionda, capelli con un taglio da maschio, lo accolse con grande cortesia. Dopo avergli mostrato la camera, gli consegnò un paio di chiavi: «Sono quelle del portone e dell'appartamento, così lei potrà entrare e uscire quando le farà comodo».

Paolo arrivava da lei la sera, stanco per il gran lavoro svolto in archivio. La signora Egle se ne accorse e gli propose di cenare in casa. Lui rispose subito di sì e per cinque o sei volte si trovarono seduti a tavola, dinanzi a qualche piatto semplice, ma buono.

«La signora Egle mi rivolse molte domande sulla tesi che stavo preparando» raccontò Paolo. «E chiese se mi ero reso conto che la guerra di Liberazione era stata una contesa segnata anche da una serie di atrocità. Le risposi che lo sapevo e le citai qualche episodio che avevo rintracciato. A cominciare da una storia accaduta in provincia di Vercelli.

«Una banda delle Garibaldi aveva catturato due ausiliarie della Repubblica sociale. E non si era risparmiata dall'ucciderle in modo barbaro. Dopo averle legate nude a un palo, infilò nelle loro vagine due bombe a mano e le fece esplodere.

«La mia padrona di casa ne rimase inorridita. Ma la sua reazione successiva mi sorprese. Si alzò da tavola e disse: "Ho vissuto la guerra civile e oggi non voglio più ascoltare storie del genere. È la prima volta che ospito un giovanotto. E mi azzardo a domandargli come mi trova...".

«"In che senso?" le chiesi. La signora Egle sorrise: "Non comportarti da ingenuo: ti sembro accettabile come donna? Oppure mi ritieni una signora anziana per i tuoi vent'anni?". Quando le risposi: "Molto accettabile", lei annuì: "Se è così, devi ascoltare il racconto di quello che mi è accaduto quando facevo la staffetta".»

Era l'ottobre del 1944. Dovevo consegnare a un comandante partigiano una somma importante di denaro che mi era stata affidata dal Comitato di Liberazione nazionale della Liguria. Presi un treno che partiva da Genova diretto ad Alessandria. E scesi alla stazione di Novi Ligure. Secondo gli accordi, lì doveva aspettarmi un'altra staffetta partigiana pronta a ricevere il denaro. Al mio arrivo però non trovai nessuno. Insospettita, feci giusto in tempo a nascondere il plico con il denaro dietro il muro di una casa ridotta in macerie dai bombardamenti alleati. Quindi mi accinsi a ripartire con un altro treno che ritornava a Genova.

Ero appena salita sul convoglio, quando venni fermata da due uomini in borghese. Dissero di essere poliziotti fascisti, mi mostrarono il loro tesserino e mi invitarono a seguirli. Conoscevo abbastanza Novi Ligure per sapere dove stava il commissariato di pubblica sicurezza. E mi accorsi subito che non mi stavano portando lì. Infatti mi condussero in un alloggio della periferia e mi consegnarono a un tizio in borghese, sui trent'anni.

Mi fece entrare in una stanza spoglia dove c'erano soltanto due sedie, collocate una di fronte all'altra. Era cortese e disse: «Sappiamo che lei è una staffetta del Comitato antifascista di Genova. Perché è venuta a Novi?». Gli risposi che dovevo incontrare una sarta che mi stava cucendo un vestito. Lui non mi chiese né il nome né l'indirizzo della sarta perché sapeva che stavo dicendo il falso. Si limitò a informarmi che mi avrebbe affidata a due suoi camerati. Avvisandomi: «Sono molto meno gentili di me. E la costringeranno a parlare...».

In realtà i due camerati erano uno solo. Un maciste sui quarant'anni, con i modi del macellaio e lo sguardo del vizioso. Mi ordinò: «Spogliati, voglio vederti nuda». Ero in preda al terrore e non ce la feci a denudarmi. A togliermi gli ultimi indumenti ci pensò lui, strappandomeli di dosso. Poi mi scaraventò su un paglericcio lurido, sporco di sangue e di urina. Lì mi stuprò. Si rese subito conto che non ero vergine e diventò una bestia. Urlava: «Sei così giovane e hai già fatto la puttana!». Mi colpì in faccia con un pugno e mi assalì una seconda volta.

In seguito, qualche amica mi ha chiesto che cosa avessi provato durante la violenza e dopo. Mentre quel barbaro mi prendeva, non provai assolutamente nulla. Lo sentivo dentro di me, ma era come se si trovasse nel corpo di un'altra donna che mi era estranea. Dunque non avvertivo nessun dolore e, soprattutto, nessun piacere. Anche dopo lo stupro non ho provato nulla, meno che mai vergogna. Ero stata presa contro la mia volontà e questo mi assolveva. Per qualche tempo mi sono domandata se poteva avermi messa incinta. Quando mi sono resa conto che non era così, ho dimenticato la giornata di Novi Ligure.

Mentre stavo ancora riversa sul paglericcio, il mio violentatore uscì dalla stanza e andò a parlare con altri due uomini. Ero stordita, ma compresi che stavano litigando. Uno gli disse: «Il comando della Guardia nazionale repubblicana ci ha ordinato di non toccare le prigioniere. Ma tu sei sempre infoiato e ancora una volta hai trasgredito agli ordini. Il nostro compito è di fermare i sospetti e interrogarli, nient'altro. Adesso passeremo dei guai, per colpa tua!».

In realtà non accadde niente. Verso sera, nella stanza del paglericcio entrò una donna anziana e dal carattere brusco. Era vestita con un abito da quattro soldi, forse era un'infermiera, ma sembrava piuttosto una mendicante. Mi aiutò ad alzarmi e si accorse che non stavo in piedi. Perdevo parecchio sangue e barcollavo. La donna mi sostenne, poi mi aiutò a indossare delle mutande luride che aveva portato con sé. Quindi mi disse: «Adesso ti condurranno al comando della Guardia repubblicana».

Lì venni trascinata davanti a un ufficiale in divisa. Era un tenente all'incirca della mia stessa età. Lui mi disse: «Sappiamo quasi tutto sul suo conto: Egle B., ventitré anni, studentessa di Lettere all'università, staffetta del Comitato antifascista di Genova. Lei penserà che ci prepariamo a torturarla per conoscere il motivo che l'ha portata a Novi. Ma è una ragazza fortunata. Un comando ribelle delle Garibaldi ci ha proposto uno scambio con uno dei nostri militi catturato in val Borbera. Lo scambio avverrà questa notte, in una località poco lontana da qui. Si prepari ad andarsene. Però le consiglio di non farsi più vedere da queste parti».

Lo scambio avvenne non appena scese il buio, in una stradina alla periferia di Novi Ligure. E l'indomani ero già rientrata a Genova. Come arrivai in casa, e vidi mio padre e mia madre, iniziai a piangere. Poi mi scaraventai sul letto e caddi nel sonno. Quando aprii gli occhi mi resi conto di aver dormito dieci ore filate.

L'indomani, un membro del Cln mi domandò se ero disposta a fare sempre la staffetta. Gli risposi di sì, ma non dalle parti di Novi. E così ho fatto.

Paolo ammise con Carlotta: «Ascoltare il racconto di un abuso dalla viva voce di una vittima mi turbò. Domandai alla signora Egle che cosa pensasse a distanza di tempo di quello che le era accaduto nel 1944.

«Lei rimase in silenzio per parecchi istanti. Poi rispose: "Forse ti stupirai nel sentirmi rispondere che non ne penso nulla. Tutte le guerre sono brutali. Anche la nostra guerra civile lo è stata. Piuttosto mi domando se sia servita a qualcosa. E spesso sono tentata di rispondere che non lo so".

«Quattro giorni dopo lasciai Genova. Prima di partire, ringraziai Egle per avermi donato il racconto della violenza subita a Novi. E le chiesi se un giorno avrei potuto pubblicarlo, senza rivelare il suo nome.

«Lei mi rispose: "Decidi quello che vuoi. Ma sei tu che hai fatto un regalo a me. Oggi non è facile incontrare un giovane che non si senta il padrone del mondo e delle donne che lo abitano. Ma tu lo sei. Sarà felice la donna che sposerai"».

«Eri davvero così?» domandò Carlotta.

Paolo bofonchiò: «Non lo so. È sempre difficile giudicare se stessi. Tu che ne dici?».

Lei sospirò: «Buono lo sei. Ma ti piacciono troppo le donne. E non credo che tu abbia reso felice la signora che hai sposato. Sono sicura che sei stato il classico marito infedele. In questo non sei diverso da tanti altri maschi meno brillanti di te».

19
Gidibì

«Non potevo saperlo» disse Paolo a Carlotta. «Però la tesi di laurea mi avrebbe permesso di realizzare un sogno che portavo da anni dentro di me: fare il giornalista. Anche tu speri di diventare giornalista, ma come ti ho detto quando sei venuta qui la prima volta, temo che per te la strada sia molto più accidentata. Forse addirittura impossibile. Quindi ascolta con attenzione quella che, ai giorni nostri, può sembrare una favola.»

«Caro Paolo, te lo ripeto, non mi spaventi con le tue previsioni...»

«Nel novembre del 1960, un anno e quattro mesi dopo essermi laureato, vinsi il Premio Einaudi, insieme a Massimo Salvadori che aveva frequentato Lettere, anche lui a Torino. Lo aveva deciso una giuria di professori di quell'ateneo. E il premio, definito una borsa di studio, era molto generoso: un assegno di cinquecentomila lire, coperto dai diritti d'autore di Luigi Einaudi, presidente della Repubblica dal 1948 al 1955.

«Il premio ci venne consegnato la domenica 20 novembre, durante una grande festa a San Giacomo di Dogliani, nella villa di Einaudi. Il presidente aveva ottantasei anni, era un uomo piccoletto, magro, sorridente e aveva accanto la moglie Ida. Quel giorno pronunciò il suo ultimo discorso pubblico, davanti a una folla di politici e soprattutto di giornalisti.

«I servizi dei quotidiani furono molti. E questo spinse il direttore della "Stampa", Giulio De Benedetti, a chiamare Alessandro Galante Garrone, mio insegnante all'Università di Torino, uno dei suoi editorialisti. Per chiedergli di presentargli questo giovanotto sconosciuto di venticinque anni.

«A quell'incontro avrebbe dovuto esserci anche l'altro vincitore del Premio Einaudi, Massimo Salvadori, autore di una bella tesi di laurea su Gaetano Salvemini, il grande storico antifascista. Ma non si presentò. In seguito mi dissero che Massimo, iscritto alla Gioventù comunista, non era interessato a diventare giornalista. E soprattutto considerava "La Stampa" un foglio del capitalismo Fiat, che i rossi di Torino chiamavano con disprezzo "La Busiarda", la bugiarda. Mentre io non appartenevo a nessuna parrocchia politica e avevo sempre sperato di lavorare in un quotidiano, il posto giusto per imparare una professione che mi affascinava.

«In quel momento, De Benedetti, nato ad Asti nel 1890, aveva settant'anni giusti. E a sentire Galante Garrone intendeva svecchiare la redazione della "Stampa" assumendo dei giovani con un buon curriculum universitario. Infatti dopo di me prese al giornale Nicola Tranfaglia, napoletano, classe 1938. Lui venne messo al servizio estero, ma non rimase molto a Torino. Dapprima passò al "Corriere d'Informazione". Poi si dedicò all'insegnamento universitario. E nel 2006 venne eletto alla Camera nella lista dei Comunisti italiani.

«Il mio primo incontro con De Benedetti merita di

essere narrato per comprendere le differenze abissali esistenti fra i giornali del tempo e quelli di oggi. E soprattutto fra i giovani di allora che volevano lavorare nella carta stampata e gli sfortunati ventenni del 2017.»

«Lo so che ci considerate degli sfigati...» sospirò Carlotta.

Paolo alzò le spalle: «Non avevo mai conosciuto De Benedetti e mi trovai di fronte un signore di statura media, massiccio, con un ciuffo di capelli bianco grigi che gli pioveva sulla fronte, molto spiccio e con i modi ruvidi del comandante in capo. Ad affiancarlo c'era un altro signore, anche lui di bassa statura, snello, elegante, molto cortese e sorridente.

«Compresi che era il segretario di redazione della "Stampa", Fausto Frittitta. Il suo biglietto da visita ricordava che era campione italiano di stenografia "secondo il Metodo Cima". I pettegolezzi di redazione sostenevano che fosse il moroso segreto di Margherita Rubiolo, potente capo dell'ufficio stampa della Fiat: una signora anche lei speciale, un altro numero uno, chiamata "la tota Rubiolo": in piemontese "la tota" è una donna ancora signorina».

Gidibì non la fece lunga. Disse: «Il professor Galante Garrone le avrà spiegato che intendo svecchiare la redazione della "Stampa", assumendo dei giovani praticanti da addestrare. È disposto a venire da noi?». «Certamente, direttore.» «Ha mai lavorato per qualche giornale?» «Sì, per il "Monferrato", il settimanale della mia città.»

Il direttore si rivolse a Frittitta e gli domandò: «Che cos'è questo "Monferrato"?». Il segretario di redazione gli sussurrò: «È il giornale del nostro corrispondente da Casale». Gidibì alzò le spalle e bofonchiò: «Ho capito. Lei non sa nulla del mestiere che le offro. Meglio così: lo imparerà in poco tempo. Adesso che lavoro sta facendo?». «Lo schedatore di libri inglesi all'Istituto Giangiacomo Feltrinelli per la storia del movimento operaio e socialista.» «E quanto guadagna al mese?» «Cinquantanovemila lire.»

Gidibì osservò: «È poco per trasferirsi a Torino. Le propongo uno stipendio di centomila».

«Sbarrai gli occhi per la sorpresa» confessò Paolo. «Ma il direttore pensò che non fossi soddisfatto. E rivolto a Frittitta ringhiò: "Questi giovanotti non sono mai contenti. Va bene: facciamo centoventimila!".

«Presi servizio il 1° gennaio 1961, nella squadra che si occupava della cronaca italiana. E compresi subito quattro o cinque cose sul conto di Gidibì. La prima fu che era un semidio da venerare. Quando entrava nel salone della redazione, tutti ci alzavamo in piedi e riprendevamo a lavorare soltanto quando lui ordinava: "Signori, seduti!". Voleva che anche le notizie a una colonna venissero scritte con eleganza semplice. Diceva: "Esistono soltanto due modi di scrivere per i giornali: opaco e limpido. La scrittura opaca merita la fucilazione alla schiena".»

Come tutti i dittatori, anche Gidibì era un solitario. Nella propria stanza esistevano appena due sedie, la sua e quella destinata ai visitatori di riguardo. Le riunioni per decidere il numero della «Stampa» che sarebbe uscito l'indomani si svolgevano in piedi. I capiservizio venivano convocati uno alla volta, esponevano il programma, poi restavano, sempre in piedi, ad ascoltare chi sarebbe arrivato dopo di loro. Qualcuno si stizziva, ma guai a mostrarlo.

Il direttore non aveva eccessivi riguardi per nessuno, neppure per le grandi firme della «Stampa». Del resto, la sua carriera non consentiva paragoni vincenti. Assunto alla «Bugiarda» nel 1911 da Alfredo Frassati, quando aveva ventun anni e da semplice stenografo, era diventato corrispondente dall'estero e poi inviato in una Europa sospesa fra due guerre mondiali. A Mosca aveva intervistato Trockij e Bucharin. E a Monaco di Baviera si era trovato a tu per tu con un politico che si chiamava Adolf Hitler.

Gidibì amava ricordare soprattutto questa intervista. Con un ringhio allegro, diceva: «Hitler giurava di riconoscere un ebreo a un chilometro di distanza. Ma non si accorse che il giornalista italiano che aveva di fronte e gli sparava una raffica di domande era anche lui un maledetto israelita».

Il dittatore della «Stampa» scriveva una sola volta alla settimana: un ampio corsivo che sarebbe apparso la domenica, sul lato destro della prima pagina. Lo preparava di sabato, nella quiete della propria villa di Rivoli. Poi lo sottoponeva all'esame dell'unica figlia, Simonetta, che in seguito avrebbe sposato Scalfari.

«Ascolta, Carlotta, quello che tanti anni dopo mi raccontò Simonetta: "Mio padre mi faceva sedere di fronte a lui e mi leggeva con lentezza il suo corsivo. Poi mi chiedeva: è tutto chiaro? Gli rispondevo: sì papà, è chiarissimo! Allora lui mi incalzava: se è così, allora ripeti quello che ho scritto. Quando non sapevo farlo, stracciava l'articolo e lo riscriveva. Dopo un paio d'ore, mi convocava una seconda volta e ricominciava la stessa solfa".»

Gidibì aveva più rispetto nei confronti della figlia che per le grandi firme della «Stampa». Con loro sapeva essere brutale. Quando a Dallas uccisero Kennedy, Enzo Biagi si trovava negli Stati Uniti e gli mandò un articolo che descriveva quanto era accaduto tra i clienti di un bar che avevano visto alla televisione la morte del presidente. Il pezzo non piacque a Gidibì e verso la mezzanotte Enzo lo chiamò per sentire dove avrebbe collocato il suo articolo. Il direttore lo strapazzò con una violenza che indusse Biagi a dimettersi.

Lo scrupolo per il giornale senza errori l'aveva spinto a creare una struttura semisegreta. Ogni mattina, all'alba, si presentavano in Galleria San Federico tre redattori della «Stampa» in pensione. Erano i famosi «revisori». Controllavano riga per riga il numero del giornale appena uscito. E lo mettevano a confronto con la concorrenza, a cominciare dalla «Gazzetta del Popolo», l'altro quotidiano di Torino.

Una volta concluso l'esame, il terzetto stendeva un rapporto destinato soltanto al direttore. Elencava gli errori e soprattutto le notizie che mancavano. Serviva a Gidibì per rampognare i colpevoli, durante la riunione dei capiservizio. L'unico campo nel quale i revisori non potevano mai mettere le mani era la linea politica del giornale. Esisteva? Certo che sì. Però era una faccenda riservata soltanto al direttore e, come tale, indiscutibile.

Gidibì era un laico, ma di quale parrocchia Paolo non sapeva dirlo. Aveva simpatia per il Partito repubblicano, per quello liberale o socialdemocratico? Ecco un enigma che non era mai riuscito a risolvere. Un giorno gli disse: «La linea della "Stampa" è quella del Partito d'Azione».

«Ma penso che bluffasse, poiché quel partito era scomparso da anni. Soltanto lui poteva permettersi di sparare giudizi come quello. Del resto, tutti i dittatori si comportano così.

«Nei confronti della Fiat, allora strapotente, non mostrava nessuna soggezione.

«Tanto per farti capire» chiarì Paolo, «una sera trovai Gidibì a colloquio con Vittorio Valletta, il capo supremo della Feroce. Anche lui era piccolo e con un sorriso da squalo. In quel momento Valletta, da noi chiamato "il Professore", gli stava chiedendo se era difficile fare il direttore di giornale. Gidibì gli rispose con un ghigno: "No. Però bisogna sempre avere la frusta in una mano e un numero da circo per sostituire quello che non attira più il pubblico".

«Che cosa pensasse davvero Gidibì della propria redazione me ne resi conto nel marzo del 1964 quando mi dimisi per passare al "Giorno". Era il primo dei miei tanti traslochi da una testata all'altra, a conferma dello spirito nomade che non mi avrebbe abbandonato mai. Lì per lì, De Benedetti si infuriò, però era troppo orgoglioso per tentare di dissuadermi. E non fece nulla per trattenermi.

«Ma al momento di uscire dalla sua stanza, mi fermò dicendo: "Lei è giovane e fa bene ad andarsene. E a non imitare gli altri suoi colleghi. Loro sono rimasti sempre qui. E adesso che sono invecchiati in questo giornale, nessuno li vuole più". Mi sembrò una carogneria e anche un esempio di ingiusta cattiveria.

«Del resto, pure Gidibì stava invecchiando alla "Stampa". E resisteva a tutti gli inviti ad andarsene in pensione. Gianni Agnelli fu costretto ad alzare la voce per convincerlo a dimettersi. E nel 1968 decise di sostituirlo con un direttore assai più giovane, Alberto Ronchey. Il ferreo Gidibì aveva settantotto anni. E lasciò malvolentieri il bunker dove aveva combattuto per un ventennio.»

20
Un cinico al Vajont

«In casa ho sempre sentito mio padre parlare di un tuo vecchio reportage su una sciagura terribile, quella del Vajont, una storia dell'ottobre 1963» disse Carlotta a Paolo. «Anche mia madre, ogni volta che lo ricordava, ne restava commossa. Ma lei credo sia sempre stata un tantino innamorata di te. Comunque io quel capolavoro non l'ho letto. Per il semplice motivo che non ero ancora nata. E forse è meglio così, poiché non so dirti se mi sarebbe piaciuto.»

«Sei la solita teppista! Stavolta anche contro tua madre» sospirò Paolo. «Ma in fondo è giusto che tu sia fatta in questo modo un po' storto. I giovani non debbono mai lisciare il pelo ai vecchi. È bene che li bastonino, perché così noi ci rendiamo conto di essere buoni per il guardaroba dei cani. E non coltiviamo illusioni.

«Però hai ragione, quello al Vajont fu un servizio importante per me. Avevo compiuto da qualche giorno i ventotto anni. E non ero mai stato tanto a lungo fuori dalla redazione della "Stampa". Non ero ancora un inviato speciale, ma speravo di diventarlo. Avrei guadagnato di più e mi sarei fatto notare dai direttori di altri giornali. Speravo di andarmene da Torino e di trasferirmi a Milano, la città più importante per la mia professione.»

«Spiegami che cosa è stata quella sciagura» propose Carlotta.

«In parole povere, le uniche che voi giovinastri sopportate, la sera del 9 ottobre 1963, nei pressi di Belluno, una montagna franò dentro l'invaso di una grande diga, colmo d'acqua. Un'enorme ondata cadde sul centro di Longarone e lo polverizzò. I morti furono duemila, forse di più, poiché non tutti i corpi vennero recuperati. Per l'Italia fu uno choc terribile. Se posso fare un paragone, risultò più o meno identico a quello di New York dopo l'attentato alle Torri Gemelle, l'11 settembre 2001.

«Sono rimasto per molti giorni su quel servizio. Ogni pomeriggio scrivevo un articolo e spesso anche due. Alloggiavo all'Hotel Cappello di Belluno, dove stavano tutte le squadre dei quotidiani. E ho imparato due o tre cose che in seguito mi sarebbero servite molto per non mitizzare in modo eccessivo il giornalismo italiano.

«La prima fu che, se volevo far bene il mio lavoro di cronista, non dovevo soffrire per quel che stavo vedendo e scrivendo. Per essere chiaro, avevo l'obbligo di blindarmi di cinismo. C'erano stati tanti morti? Pazienza, io ero ancora vivo. La frana poteva uccidere anche me? Però era toccata ad altri. C'era molto dolore a Longarone e a Belluno? Certo, però non mi riguardava. Il mio compito era soltanto quello di descriverlo per i lettori della "Stampa", e nel miglior modo possibile.

«Il mio cinismo venne incoraggiato dal vedere come si comportavano i capi delle squadre spedite a

Belluno dai quotidiani e dai settimanali più importanti. C'erano quasi tutte le grandi firme del giornalismo italiano. Ero cresciuto leggendo i loro articoli con la biro in mano per prendere appunti. E sognando di diventare altrettanto bravo. Ma adesso li vedevo nella loro meschinità quotidiana.

«Si odiavano tutti. Durante la riunione plenaria del mezzogiorno, nel salone dell'Hotel Cappello, per decidere il programma della giornata, si insultavano, si deridevano, si rinfacciavano colpe inesistenti o sgarbi presunti. Qualche volta rischiavano di venire alle mani. Un giorno, durante il pranzo, uno di loro, Giorgio Bocca, inviato del "Giorno", scagliò una bistecca contro il leader della squadra concorrente: Alberto Cavallari, firma del "Corriere della Sera". E lo mancò di poco.

«Mezza Italia piangeva sui morti del Vajont. E la grande stampa si faceva la forca con una piccineria ridicola. Fu allora che la mia attenzione si rivolse verso un altro spettacolo che non aveva niente in comune con il nostro compito di raccontare la strage.»

«Immagino che fossero le donne di Belluno» osservò Carlotta con malizia.

«Sì, proprio loro. Tieni conto che di solito passavo le giornate dentro la redazione della "Stampa". Entravo verso mezzogiorno e ne uscivo poco prima di mezzanotte, ma soltanto per andare a casa e gettarmi sul letto a dormire. Del mondo circostante, di Torino, del suo tran tran quotidiano, delle persone che vi abitavano non sapevo nulla. Ma a Belluno mi resi conto che, malgrado la strage, la vita continuava. Ed era piena di donne.

«Le ragazze di Belluno mi sembravano quasi tutte belle: alte, eleganti, spigliate. Indossavano gonne abbastanza corte che ti suggerivano pensieri proibiti. Questo è un dettaglio importante» spiegò Paolo. «Oggi voi non le portate quasi più. Il vostro capo d'abbigliamento più comune sono i pantaloni. Ho sempre visto anche te vestita così, mai con la gonna...»

«Non immaginavo che per te fosse un richiamo erotico» disse Carlotta, ridendo.

«Certo, perché tu non sei un maschio. E per di più appartieni a una generazione diversa. Per voi il sesso è quasi sempre una faccenda da nulla. Per noi, soprattutto per i maschi, era una conquista che segnava la nostra giovinezza. Le prime donne che mi hanno accolto indossavano la gonna. E le loro mosse per liberarsene erano un richiamo molto esplicito. Lina, la sarta, si dondolava muovendo i fianchi come un'odalisca, sospirando, sbuffando, imprecando. A volte mi sgridava: "Non stare lì impalato come uno stoccafisso! Dammi una mano a togliermi questa corazza troppo stretta". Quando se l'era tolta, la ripiegava con cura, quasi fosse una bandiera. Soltanto allora, finalmente libera, si dedicava a me.»

«Insomma, ci vorresti vedere tutte in gonna!» strillò Carlotta.

«Sì. A Belluno era un piacere imbattersi in tante femmine che la sfoggiavano con spavalderia. Una di loro si accorse che la scrutavo con desiderio. Mi avvicinò e chiese: "Sei un giornalista, vero? E quanti anni hai? Ventotto? Io ne ho dieci più di te. Verresti a letto con me? La mia tariffa è questa". Era una prostituta che esercitava in casa. Mi portò nel suo minuscolo alloggio e mi offrì un'ora di delizie.

«Il cinismo e il piacere di scrutare le donne di Belluno mi resero meno faticoso il servizio sul Vajont. Neppure lo Stanzone degli Orrori, dove venivano raccolte le fotografie dei corpi ripescati nel Piave, mi sconvolse. A difendermi era la corazza della mia età. Quando hai meno di trent'anni, puoi sopportare tutto. Ecco perché in guerra vengono mandati a morire i giovani.

«Qualche collega che si riteneva più esperto di me tentò di agganciare una signora di Belluno che indossava una gonna molto corta. Ma non ci riuscì. Il portiere dell'Hotel Cappello ci spiegò che anche le femmine più disinvolte non volevano avere rapporti con i giornalisti. Eravamo tipi che non ispiravano fiducia. E prima o poi saremmo partiti.»

Nel ricordo di Paolo, Belluno puzzava di morte. La città era intatta, ma su di lei pesava la dimensione assurda della catastrofe. Duemila morti, uccisi nello stesso momento dalla gigantesca ondata che aveva dissolto una piccola città come Longarone. I cadaveri venivano ripescati nel Piave, però di molte persone non si trovò mai traccia.

La città diventò lo scenario di quella tragedia. E lo si comprese ancora di più quando fu creata la stanza che i giornali chiamarono dell'Orrore. Ogni cadavere veniva fotografato da una équipe specializzata in quel lavoro, chiamata apposta dalla Jugoslavia. Di ogni salma il team slavo compilava una scheda, corredata dalle fotografie scattate quando era stata appena ritrovata. E le schede stavano su tre grandi tavoli del salone municipale. Qui arrivavano i parenti o gli amici di chi era scomparso sotto l'ondata. Nella speranza di non riconoscere in quelle immagini terribili i tratti di una persona amata.

«Una mattina» riprese Paolo, «nello stanzone ebbi la sorpresa di imbattermi in una commessa della modisteria di mia madre. Una ragazza molto giovane e graziosa. Nel vedermi scoppiò a piangere. E mi spiegò perché si trovava lì. Una sua sorella aveva sposato un giovane tecnico della nostra città che dirigeva il cementificio di Castellavazzo. Vivevano felici in un appartamento del centro di Longarone, annientato dalla piena del Vajont. Se non ricordo male, avevano due bambini. Tutti scomparsi.

«Uno dei tanti articoli che scrissi per "La Stampa" descriveva quel posto infernale e le persone che lo frequentavano, sospinte da una speranza destinata a sfaldarsi. E fu lì che mi resi conto di quanto stava accadendo in città e che nessun giornale aveva il coraggio di scrivere.»

«Che cosa avveniva?» domandò Carlotta.

«Quello che succede in tutte le comunità che hanno sfiorato il pericolo di sparire. All'orrore subentra la frenesia di provare a se stessi di essere ancora in vita. E la frenesia genera il primo dei desideri che lo dimostrano: il sesso. Fu così anche a Belluno. I maschi arrivati sul posto per occuparsi della catastrofe del Vajont e di quello che ne seguiva erano davvero tanti. Gli inviati e i corrispondenti dei giornali italiani e stranieri risultavano più di cento. Affiancati da una miriade di agenti di polizia, carabinieri, alpini, tecnici della televisione e della radio, esperti di catastrofi, operatori sanitari, tirapiedi dei politici e personale della Sade, la società proprietaria della diga che, in seguito, venne processata.

«Le poche prostitute di Belluno, intendo quelle già presenti in città, non potevano certo soddisfare tutti questi possibili clienti. A risolvere il problema furono le squillo di altre località. Senza essere convocate da nessuno, arrivarono da molti paesi del Veneto. Le più belle, e le più costose, venivano da Cortina d'Ampezzo, dove l'alta stagione turistica si era già conclusa.»

«Ma tutte queste ragazze dove incontravano i loro clienti?» domandò Carlotta.

«Negli hotel e nelle pensioni di basso livello, oggi diremmo a due stelle. Erano i portieri di questi alberghetti a regolare il traffico e a guadagnarci. Belluno si trasformò in una specie di città del sesso. A tanti decenni di distanza, nessuno lo ammetterà, meno che mai gli abitanti. Ma questa è la verità!» esclamò Paolo.

«Trovò risposte alle sue necessità anche l'inviato di un quotidiano democristiano, un gay dichiarato. Scoprì da solo un partner che non si aspettava di scovare. Un ragazzone rosso, iscritto alla Federazione giovanile del Pci, che non avrebbe mai immaginato di accoppiarsi con un avversario politico. Si incontrarono per caso, mentre prendevano il caffè in un bar. A entrambi bastò un'occhiata per intendersi. Un'ora dopo erano a letto insieme, in una pensionaccia di periferia che stava facendo affari d'oro.»

«E tu come ti sei comportato, Paolo?» chiese Carlotta. «Te lo domando perché eri già sposato e avevi una figlia piccola, però a ventotto anni eri molto giovane...»

«Certo, ma le mie donne stavano a Torino, un posto che mi sembrava sulla luna. Tuttavia ero assalito anch'io dall'orrore che avevo intorno e dai desideri dei maschi della mia età. Però mi resi conto di essere fortunato. E mi trattenni dal ricorrere ancora ai servizi di una delle tante squillo calate su Belluno...»

«Raccontami tutto!» strillò Carlotta. «E senza tralasciare nessun dettaglio!»

«D'accordo. Già allora la mattina mi svegliavo molto presto, di solito alle sei. Dopo una colazione abbondante, uscivo dall'Hotel Cappello e andavo a comprare i giornali in un'edicola poco distante. La proprietaria era una signora sui quarant'anni, una vedova senza figli: Bice.

«Ti dico subito che era una donna dalla bellezza strana. Bionda, alta, magra, il seno quasi inesistente, le braccia esili, un sedere nervoso, niente trucco. Il tutto ricoperto da un grembiule grigio, la divisa delle edicolanti di allora. Aveva un modo di scrutarmi che ti dava un frisson, avrebbe detto mia madre. Nel suo sguardo c'era un lampo di desiderio e al tempo stesso la promessa di un incontro intimo del tutto insolito.»

«Il nostro rapporto iniziò per caso e con lentezza. Bice cominciò a chiedermi di me, in quale città ero cresciuto, dove avevo studiato, perché mi ero sposato, che carattere avevo. Forse intendeva capire se avrei respinto o no la proposta che poi mi fece.

«Infatti una mattina mi sorprese: "Caro dottor Paolo, lei mi piace. Non mi corico con un maschio da almeno cinque anni. Ho persino dimenticato come si fa. Ha voglia di ricordarmelo lei? Se è disposto a farlo, l'aspetto stasera nel mio appartamento che non è lontano da qui. Non si affretti, venga quando avrà scritto e telefonato alla 'Stampa' il suo articolo".»

«Una signora che sapeva come trattare un giornalista alle prese con un servizio delicato» commentò Carlotta. «In che modo andò il vostro incontro?»

«I nostri incontri» la corresse Paolo. «Perché la mia relazione con la signora dell'edicola durò quasi un mese, sino al mio ritorno a Torino. Alle prese con la Bice, mi resi conto di sapere ben poco del sesso. La giornalaia era insaziabile e soprattutto dotata di una fantasia erotica senza limiti. Voleva essere presa in venti modi diversi che era lei a suggerirmi. E soprattutto amava interpretare personaggi sempre nuovi».

«Spiegami meglio!» lo incitò Carlotta.

«Il suo campionario era complesso. La vedova inconsolabile che si pentiva di tradire il marito scomparso da poco. La puttana non più giovane, ma molto esperta, che addestrava un maschio adolescente. La madre superiora di un convento famoso per le ragazzacce che ospitava. La prof di matematica che si concedeva a un allievo ripetente. Poi si stancò di me e io di lei.»

«Come hai trascorso gli altri giorni a Belluno?» domandò Carlotta.

«Lavorando dalla mattina alla sera. Sentivo di essere a una svolta del mio percorso nei giornali. Soprattutto per un motivo. La sera del disastro, Gidibì aveva fatto partire per Belluno un inviato speciale di grande esperienza: Francesco Rosso, un vercellese di Pertengo che aveva più di cinquant'anni, e un pivello come il sottoscritto. Se ci ripenso, Carlotta, devo concludere che i direttori di quel tempo erano molto più innovatori di quelli d'oggi!

«Di solito scrivevo due articoli al giorno. Poi mi godevo le liti tra i grandi inviati speciali. Il collega gay mandò al suo quotidiano una notizia che il vertice dei capi aveva deciso di rimandare al giorno successivo. Lui non era stato ai patti, e per questo venne punito da un inviato di un quotidiano milanese. Bussò alla sua porta nudo come l'aveva fatto la mamma. Diede un cazzotto in faccia al collega che, tuttavia, restò affascinato alla vista del suo grande pisello. Ignorando il cazzotto, cominciò a fargli una corte spietata. E fu necessario picchiarlo una seconda volta.»

«Eravate davvero dei senza vergogna!» ringhiò Carlotta.

«Hai ragione. Nel frattempo le squillo facevano gli straordinari. Si davano il cambio, come accadeva nei bordelli di quel tempo. Su tutto questo circo, incombeva una certezza: nessuno sarebbe stato condannato per la frana precipitata nel grande invaso della diga.»

«Andò davvero così?» chiese Carlotta.

«Sì. A conferma che siamo un paese che ai potenti non manda mai il conto. Loro la fanno sempre franca.»

21
La signora Fortuna

«Quando lasciai “La Stampa” e mi presentai al “Giorno”, trovai ad aspettarmi il direttore, Italo Pietra. Era un signore di cinquantatré anni, alto, massiccio, con una faccia da montanaro colto, i modi di fare tipici di chi è stato militare per molto tempo e poi ha fatto il comandante partigiano. Era nato a Godiasco, un piccolo paese dell'Oltrepò pavese, dunque poteva essere definito un provinciale come il sottoscritto e forse di più. Dirigeva il quotidiano dell'Eni dal 1960. Gli aveva assegnato quel compito Enrico Mattei che lo stimava come uomo e come giornalista.»

«Perché aveva deciso di assumerti?» domandò Carlotta.

«Confesso di non averlo mai capito. Provo a indovinare. “La Stampa” era una testata più importante del “Giorno”. Avevo ventinove anni e sotto la frusta di Gidibì ero diventato un redattore esperto e anche in grado di scrivere buoni articoli. Lo avevo dimostrato con la sciagura del Vajont e pure in seguito.

«Pietra mi fece subito un discorso schietto. Disse che per me aveva pronto un contratto da inviato speciale. Ma prima voleva sapere dove mi sarebbe piaciuto essere spedito a scrivere dei reportage: a Voghera o nel golfo del Tonchino?»

«Non so dove sia questo posto» ammise Carlotta.

«È una vasta insenatura del mar Cinese continentale vicina al Vietnam. Proprio lì stava cominciando una guerra che sarebbe durata per anni.»

«Tu come hai risposto?» chiese la ragazza.

«Avevo imparato come si sta al mondo. E risposi: a Voghera, direttore. Pietra mi sorrise e disse: "Ottima risposta. Se mi avessi indicato il golfo del Tonchino, non ti avrei assunto". Era un elogio che premiava la mia saggezza di provinciale.

«Infatti cominciai a occuparmi della Lombardia. Poi diventai il responsabile delle pagine dedicate a quella regione. Ma ero contento soprattutto di essere passato da Torino a Milano, una città dove ho poi vissuto per anni con la famiglia. Compresi che aveva ragione Mario Soldati, il regista e scrittore. Prima di incontrare Pietra, ero andato a trovarlo per chiedergli un consiglio. Lui si limitò a dirmi: "A Torino c'è la monarchia, a Milano la repubblica. Vai a Milano".»

«Sei stato bene al "Giorno"?» domandò Carlotta.

«Tutto sommato sì. Ma dopo due o tre anni, mi sono reso conto che mi stavo annoiando. Fare le pagine lombarde non mi divertiva più. A salvarmi fu il nuovo direttore della "Stampa", Alberto Ronchey, che nel 1968 aveva preso il posto di Gidibì. Ronchey aveva quarantadue anni e voleva dimostrare a Giovanni Agnelli di essere in grado di fare un bel giornale. E decise di richiamarmi. Ma incontrò subito l'ostilità del direttore amministrativo. Questo manager gli spiegò che esisteva una legge non scritta, ma ferrea: chi si dimette dalla "Stampa" non può ritornarci.»

«Ronchey in che modo reagì?»

«Se ne fregò della legge e del veto opposto dal direttore amministrativo. Fu così che ritornai al giornale dove avevo imparato il mestiere. Ronchey mi consentì di restare a Milano. La sua fu una scelta giusta. Tu non puoi ricordarlo, ma il 1969 fu un anno terribile e si chiuse con la strage di piazza Fontana. Divenni l'inviato che seguiva i delitti del terrorismo rosso e nero. E questo fatto mi dimostrò che nel giornalismo, come in tutte le professioni, non basta essere bravi e volonterosi. È indispensabile anche essere fortunati.»

«Tu credi nella fortuna?» domandò Carlotta.

«Sì, ci credo. Non so bene che cosa la faccia scattare. Ma ho imparato che è meglio averla dalla propria parte. E che bisogna aiutarla. Il modo giusto per farlo è non avere paura delle novità professionali. Mi sono sempre regolato così. Se un editore mi offriva di cambiare giornale, valutavo i pro e i contro. Poi quasi sempre decidevo di accettare. La verità era che non ho mai avuto paura di misurarmi con un ambiente di lavoro nuovo e che non conoscevo. Penso sia questo timore a spingere molti colleghi a rimanere dove stanno, a scapito di tutto.»

«Scommetto che ti stai ricordando il tuo ritorno alla "Stampa"» osservò Carlotta.

«Ritrovai una mia vecchia amica che chiamerò Laura. Dopo anni di collaborazioni mal pagate, era riuscita a farsi assumere da semplice redattrice in uno dei telegiornali della Rai. Ormai era una single sui quarant'anni, una signora ancora bella: piccola, cicciottella, con pochi amori alle spalle. Una professionista seria, ma senza santi in paradiso. Intendo dire senza un politico che la proteggesse nel disordine della televisione pubblica. E l'aiutasse a fare un tantino di carriera.

«Fu così che si vide passare davanti dei colleghi e delle colleghe molto meno bravi di lei. Stava cadendo in depressione quando conobbe un politico democristiano assai più giovane: un parlamentare di prima nomina, sui trent'anni, che aveva la fama di essere un cacciatore di donne.

«Contro ogni previsione, quel politico si invaghì di lei. E cominciò a tampinarla con una corte asfissiante. Sulle prime Laura ne fu infastidita, poi confidò a se stessa: forse questo ragazzo me l'ha mandato la Provvidenza, affinché mi dia una mano a non restare la figlia di nessuno, l'ultima bambina dispersa nella foresta di raccomandati che mi circonda.

«Una sera, Laura invitò a casa l'onorevole e decise di cedere alle sue richieste. Tremava all'idea di spogliarsi davanti a un uomo. L'aveva fatto molti anni prima quando si era concessa a un signore anziano, suo lontano parente.

«Ma si fece coraggio e si spogliò. E si stupì di scoprire che il suo corpo nudo mandava in estasi il parlamentare. Trascorsero una notte di follie. Lei venne presa per tre volte, andò sempre in orgasmo e capì di aver perso troppi anni in uno zitellaggio senza sbocchi.

«Tra i due iniziò una relazione sempre più intima che riservò a Laura una sorpresa. Una sera l'onorevole le confidò che amava travestirsi da signora. Aveva cominciato da adolescente, indossando gli abiti e gli indumenti intimi della madre. In seguito si era concesso a un compagno di liceo che lo aveva posseduto come se fosse una vera femmina. Da allora non si era più azzardato a soddisfare quel piacere proibito. E quando si era avviato verso una fortunata carriera politica era stato ben attento a non osare più dei passi falsi.

«Laura ascoltò sbalordita il racconto del deputato. E rimase a bocca aperta quando lui le chiese di aiutarlo a soddisfare quel vizio. Comprese subito di avere tra le mani una pepita d'oro che l'avrebbe aiutata a non sentirsi più una persona bersagliata dalla sfortuna. Acquistò tutti gli indumenti che le indicava il parlamentare. E lo aiutò a trasformarsi in una femmina piena di voglie, chiamata Wanda. Poi acquistò dei falli di plastica e una macchina fotografica. Quindi lo incoraggiò a dare sfogo alle proprie voglie.

«Passarono un paio di mesi e una sera Laura disse al deputato: "Devi aiutarmi a non essere più l'ultima sfigata redattrice di quel telegiornale. Voglio un posto migliore nel primo tigì della Rai. So che hai il potere di farlo. Ma se mi rifiuti questo favore, metterò in piazza che hai una seconda natura: Wanda. Osserva le foto che ti ho fatto. Possono stroncare la tua carriera politica".»

«Una ricattatrice spudorata, questa Laura» osservò Carlotta.

«Certo. Ma non mi sento di giudicarla dopo gli anni di inutile attesa di veder riconosciute le sue capacità. Sta di fatto che il parlamentare le trovò un posto di riguardo al primo telegiornale della Rai. E quando si liberò una sede di corrispondenza in un paese arabo, riuscì nell'impresa di farla affidare a Laura. Lei partì felice per la nuova destinazione. E lasciò al deputato una copia delle fotografie scabrose che gli aveva scattato quando interpretava la parte di Wanda.»

«Quella furbona della tua amica fa ancora la corrispondente della Rai in quella capitale araba?» domandò Carlotta.

«No. Dopo un anno, conobbe un riccone che possedeva dei pozzi di petrolio. Lui si innamorò di Laura poiché aveva una vera passione per le occidentali single e attempate. Da quel che ho saputo, si sono sposati. E forse lei vive felice in una reggia da Mille e una notte.»

Arrivati a quel punto, Carlotta disse a Paolo: «Ho una domanda che mi frulla in testa da un po' di tempo. Da dove nasce questa tua passione per le donne? Mio padre me ne aveva già parlato. Non per mettermi in guardia. Ma soltanto perché fossi preparata ad ascoltare quello che tu mi avresti raccontato».

Paolo sospirò: «Me lo sono chiesto anch'io. E qualche anno fa ho interpellato un amico psicanalista. La sua risposta è stata drastica: "Hai questa passione sfrenata per le donne perché avresti voluto essere una donna. Se fosse dipeso dalla tua volontà, saresti stato una femmina di quelle ardenti. Anche nell'aspetto:

seno forte, cosce abbondanti, lato B senza risparmio. E nel tuo inconscio immagini di essere una femmina senza pudore, pronta a sedurre qualsiasi maschio ti attragga, disposta a entrare nel suo letto e a fare del sesso rovente".

«Mi ha anche detto: "Mi stupisce che tu non ti sia mai travestito da donna. Di solito i soggetti come te, prima o poi, cedono a questa tentazione. Ritornano a casa dopo una giornata in ufficio e vogliono diventare un'altra persona, una Wanda, una Doris, una Marlene. E sono fortunati se hanno accanto una moglie o una compagna che li aiuta a soddisfare questo desiderio"».

«Che cosa pensi del responso di questo tuo amico analista?» domandò Carlotta.

«Il peggio possibile. Io la vedo in un altro modo. Sono cresciuto tra le donne: mia madre, le sue sorelle, le nonne. La loro influenza su di me è stata fortissima. Ma soprattutto la mia adolescenza è trascorsa tra la casa e la modisteria della mamma. Era frequentata da signore di tutte le età: belle, brutte, giovani, mature, cicciose e magre, dal seno abbondante o quasi invisibile. L'umanità che ho avuto sotto gli occhi per parecchi anni sono state loro. Come avrei potuto non appassionarmi?» concluse Paolo sorridendo.

22
Il vomito del tassista

«Prima hai accennato alla strage di piazza Fontana. Tu ne hai scritto molto nel corso di questi anni. Come giornalista, che ricordi hai?» chiese Carlotta a Paolo.

Lui sospirò: «Ecco una domanda che qualcuno mi ripresenta sempre. Ma non ho mai una risposta certa. È quella che i colleghi più adulti di me hanno sempre chiamato la Maledizione del Cronista...».

«Fammi capire meglio!» ordinò lei con il piglio della ventenne che spera di conoscere qualche mistero.

«Te lo spiego con poche parole. Il cronista, o l'inviato che si trova al suo posto, è soggetto a mille pulsioni. Deve raccogliere le notizie sufficienti a mettere insieme il suo articolo, poi deve scriverlo, quindi dettarlo agli stenografi del giornale. Infine correggerlo sino a quando è possibile farlo, ossia sin verso la mezzanotte. Un tempo andava così. Oggi con i computer tutto è diventato più rapido. Ma il risultato non cambia!»

«E quale sarebbe questo risultato?»

«Un pugno di mosche. Nel senso che la verità presunta, quella che sei riuscito a ricostruire, dopo poche ore cambia. Il tuo articolo ti sembra aria fritta e non svela nessun mistero. Dalla strage di piazza Fontana a oggi, sono passati quarantotto anni. Quasi mezzo secolo. Non devo pensarci per non morire di spavento. Ma quell'attentato per me resta un mistero.»

«Quando esplose la bomba di piazza Fontana, era il 12 dicembre del 1969, il nuovo direttore della "Stampa", Alberto Ronchey, mi diede mano libera per raccontare i personaggi di quella tragedia che più mi avevano colpito. Fu allora che mi ricordai all'improvviso di un signor Nessuno comparso per qualche giorno nella vicenda cupa dell'attentato.

«Mi riferisco a Cornelio Rolandi, anni quarantasette, nato a Porta Ticinese, quartiere popolare di Milano. Faceva il tassista e venne a trovarsi dentro un inferno ben più grande di lui. Aveva portato vicino alla Banca nazionale dell'agricoltura un tizio con una valigetta poi depositata lì. Tormentato da quel ricordo, raccontò tutto ai carabinieri. La sua testimonianza mise nei guai l'anarchico Pietro Valpreda. E fu l'inizio di una storia che a Rolandi avrebbe rubato la vita.

«Avevo scritto di lui nelle mie cronache per "La Stampa", nei giorni successivi alla strage. E verso la fine del gennaio 1970, un mese e mezzo dopo la bomba, cercai di incontrarlo. Sembrava un'impresa impossibile, però mi riuscì per caso. Il portinaio del mio condominio era amico del custode di uno stabile vicino. Costui conosceva bene il portiere dell'enorme edificio nel quale abitava Rolandi, a Corsico, un comune dell'hinterland milanese. E lui mi portò dal tassista.

«Fu lo stesso Cornelio ad aprirmi la porta, con una cautela piena di paura. Era un uomo alto, magro, in pigiama e ciabatte, il volto terreo, la fronte coperta di sudore. Pensavo che mi avrebbe respinto e invece quasi mi abbracciò: "Venga, dottore. Ho bisogno di parlare, di confidarmi. Lo vede come è ridotto il Cornelio Rolandi? Non vive più, non dorme più, non mangia più!".

«In casa era solo. La moglie stava al lavoro e il figlio pure. Il tassista parlava di se stesso come di un'altra persona. Diede un'occhiata ansiosa dalla finestra, osservando i banchi di nebbia che assalivano il parco Giorgella di Corsico. Nell'alloggio al dodicesimo piano c'era appena lui. Ma affiancato da un ricordo che lo inseguiva come un molosso rabbioso. "Ho sempre in mente il fatto! Anche mentre guido il tassì, il cervello macina quella cosa lì. E ogni volta sento una fitta allo stomaco: è l'ulcera che si fa viva."

«"Quella cosa" era accaduta quarantadue pomeriggi prima, sempre di venerdì. Seduto sul taxi Rolandi se ne stava al posteggio di piazza Beccaria, nel centro di Milano. Dalla vicina piazza Fontana veniva il brusio del mercato dei sensali davanti alla Banca nazionale dell'agricoltura. Fu in quel momento che il destino condusse il Cornelio all'incontro che gli avrebbe rovinato la vita.

«Mi raccontò: "Guardavo verso l'Hotel Ambasciatori e così vidi un tizio appena uscito dalla Galleria del Corso. Aveva una valigetta nera, indossava un cappotto scuro, con il bavero alzato. S'infilò rapido nel mio tassì e nell'entrare posò sul sedile la piccola valigia. E allora con gli occhi lo fotografai. *Pam!*, faccia a faccia, venti centimetri di distanza".

«In quel momento era il volto qualsiasi di un cliente qualsiasi. Un tipo di poche parole e con le idee chiare sulle proprie mosse. Disse al Cornelio: "Mi porti in via Albricci, passando per via Santa Tecla". Rolandi mi raccontò: "Avrò fatto sì e no venti metri su questa strada, quando il cliente mi ordinò di accostarmi al marciapiede: Aspetti un attimo, torno subito. E nel scendere diede una gran botta per chiudere la portiera".

«"Pensai: brutto fesso, ma chi ti credi di essere? Me lo guardai bene un'altra volta. Anche se il mio tassì era vecchio, per me quella botta era un colpo al cuore. Dopo quattro o cinque minuti, il tizio ritornò. Sembrava avere molta fretta. Ripartimmo e alla fine lo scaricai all'angolo di via Albricci. Soltanto in quel momento mi accorsi che non aveva più con sé la valigetta".

«Rolandi cominciò a rifletterci il sabato sera, 13 dicembre. Ormai sapeva della strage alla Banca dell'agricoltura e dei sedici morti. Per di più aveva visto sul "Corriere della Sera" la foto della valigetta trovata nell'altra banca, la Commerciale, quella con la bomba non esplosa. Confidò a se stesso: "Santa Madonna, Cornelio: sta tent che l'è quel là, il tizio che hai portato sul tassì!".»

Paolo seguitò a raccontare: «Da quel momento Rolandi non ebbe requie. Mi disse: "Vedevo alla tivù la valigetta lasciata alla Commerciale. E il cervello lavorava, lavorava. La mè miè, mia moglie, la me diseva: Cornelio, lascia perdere, che magari non l'ha messa l'uomo che hai portato nel tassì! Ma io niente: vedevo i morti nella banca e la faccia di quel tizio. La notte fra la domenica 14 e il lunedì 15 dicembre mi sentivo un leone in gabbia. Quasi mi strappavo i capelli. Alle quattro e mezza scoppiai a piangere così forte che svegliai moglie e figlio. Poi mi decisi".

«Domandai a Rolandi: "Mi racconti che cosa ha fatto". Lui riprese a piangere: "La mattina del lunedì andai di volata alla stazione dei carabinieri di via Valpetrosa. Cascai addosso al primo maresciallo che trovai e gli dissi: Devo riferire sull'attentato. Lui esclamò: Santo Dio!, e si mise a scrivere. Da Valpetrosa mi portarono al Nucleo investigativo dei caramba, in via Moscova".

«Lì cominciò il finimondo: "Mi sentì un capitano. Poi un colonnello. Quindi mi portarono in piazza Fontana con il tassì, per un sopralluogo. Di nuovo alla Moscova per disegnare un identikit. Poi ancora a sfogliare centinaia di foto, senza trovare quella giusta. Infine a casa, per mangiare un boccone. Ma alle sette di sera mi vennero a prendere, stavolta era la questura di via Fatebenefratelli".

«Chiesi a Cornelio: "Il questore Marcello Guida la ricevette subito?". Rolandi scosse la testa: "Macché. Tre ore di anticamera, senza vedere un'anima. Finalmente mi portarono dal questore. Lui teneva in mano un foglio piegato a metà, dentro c'era la fotografia di un tizio. Il questore me la mostrò, dicendo: Ci pensi bene, Rolandi, è lui il cliente che ha trasportato sul taxi? Risposi: Sì, forse è lui. Nella foto era smagrito, con le guance incavate, ma era il mio cliente del venerdì della strage. Chiesi: Come si chiama? Mi risposero: Pietro Valpreda".

«In seguito, sulle modalità del riconoscimento esplosero mille polemiche. "Lo so bene" borbottò Rolandi. "Ma quella sera in questura sembravano impazziti per la soddisfazione. Il dottor Guida mi diede un buffetto sulla guancia: Bravo, Rolandi!, hai finito di fare il tassista, ti sei sistemato!

«Il Cornelio riprese a piangere: "Pensavo che parlasse della taglia da consegnare a chi trovava l'uomo della bomba. Ma il mattino dopo mi vennero a prendere e con un aereo mi trasferirono a Roma. Al Palazzo di Giustizia mi misero a confronto con il Valpreda. Era il mio cliente del venerdì 12 dicembre. Dissi: Sì, è lui, mi pare proprio lui! Il Valpreda diede fuori di matto, cominciò a gridare, dovettero portarlo via di peso. Allora, sempre con l'aereo, ritornai a casa".

«Da quel momento, Rolandi non appartenne più a se stesso. Gli piovvero addosso insulti e accuse a non finire. È un casciaball, un bugiardo, un megalomane, un confidente della polizia, un fascista del Movimento sociale. Era questa l'etichetta che gli bruciava di più: "Sono un comunista iscritto al Pci. Ecco la mia tessera: numero 0099593, sezione Garanzini di via Lagrange. L'ho già rinnovata per il 1970".

«"Ma adesso sono un uomo distrutto" borbottò tra le lacrime. Aveva il sistema nervoso a pezzi, il gusto della bile in bocca, soffriva di colite. Nelle tre ore del nostro colloquio si sentì male due volte. Lo accompagnai in bagno e mi vomitò addosso, mentre gli tenevo la fronte. Spiegò: "Un mese fa pesavo 81 chili, oggi sono a quota 74".

«Prima che me ne andassi, mi abbracciò piangendo. Disse: "Mi scuso per il vestito, se vuole glielo ripago". Non lo rividi più. Seppi che aveva smesso di fare il tassista e gestiva un chiosco di bibite al parco giochi di Corsico. Non incassò mai il premio di 50 milioni di lire, l'importo della taglia decisa dal ministero dell'Interno. L'ulcera gli stava bucando lo stomaco. Poi arrivò la broncopolmonite. Il fisico debilitato non resse e il Cornelio morì il 16 luglio 1971, a quarantanove anni. Fu lui l'ultima vittima della bomba di piazza Fontana».

23
La profezia del Principe nero

Una volta ritornato alla «Stampa» Paolo si trovò alle prese con un fatto inaspettato. Sull'onda della strage di piazza Fontana si stava parlando molto di fascisti vecchi e nuovi. Carlo Casalegno, uno dei vice di Ronchey e responsabile della terza pagina, quella culturale, gli chiese un'inchiesta sulla destra. E un giorno gli disse: «Tra i tuoi articoli sui neri vedrei bene un ritratto del comandante Borghese».

«Intervistarlo è come vincere un terno al lotto. Detesta i giornalisti e non si fa avvicinare da nessuno.» Casalegno lo incitò: «Provaci lo stesso. Ti costerà soltanto qualche telefonata».

Il colloquio terminò lì. Né l'uno né l'altro avevano bisogno di dirsi chi fosse l'uomo da cercare: Junio Valerio Scipione Alfredo Ghezzo Marcantonio Maria dei principi Borghese. Casalegno era stato partigiano nelle bande di Giustizia e Libertà, Paolo un bambino della guerra. Sapevano tutto o quasi della X Mas, l'unità d'élite, come si direbbe oggi, della Repubblica sociale, la più temuta e odiata dagli antifascisti, la più ammirata dai fascisti di Salò.

Prima dell'8 settembre 1943, Borghese era stato uno degli eroi italiani della guerra sottomarina. All'armistizio non aveva cambiato fronte e si era messo alla testa di un piccolo esercito di volontari. Attorno a lui era nata una leggenda: la sua indipendenza dai gerarchi di Salò, l'autonomia dai tedeschi, i contatti, veri o presunti, con i servizi segreti degli Alleati. Ed era stato proprio un ufficiale dell'Oss americano a sottrarlo al caos sanguinoso del 25 aprile, portandolo da Milano a Roma.

Borghese se l'era cavata con quattro anni scarsi di carcere a Forte Boccea, la prigione militare romana. Una volta libero, aveva tenuto le fila dei reduci della Decima. A destra non disponeva di molti amici. Gli alti papaveri del Msi lo giudicavano troppo indipendente e abituato a fare da solo, contando su se stesso forte del proprio passato di marinaio d'assalto. Difatti, nel settembre 1968, quando aveva già sessantadue anni, fondò un suo movimento: il Fronte nazionale. Un gruppo che, nel lessico odierno, si definirebbe di destra antagonista, più radicale di quella missina, giudicata subalterna alla Dc e alla democrazia parlamentare.

Carlotta ascoltava i racconti di Paolo: il famoso collega del padre le stava aprendo gli occhi su un mondo che prima non avrebbe nemmeno immaginato.

«Comincio solo ora a capire perché mi hai voluta per questo libro. Se noi giovani sappiamo poco o niente di De Gasperi, figurati che cosa possiamo conoscere di questo strano personaggio. Vai avanti, questa storia ha dell'incredibile.»

«In quell'epoca, nuclei simili nascevano e subito morivano un po' dappertutto in Italia. Ma il Principe riuscì a tenere in vita il Fronte. Andando di città in città, per rintracciare vecchi compagni d'arme e nuovi amici, disposti a credere in lui e a finanziare il movimento.

«Se debbo fidarmi dei miei ricordi, il risultato non fu strabiliante. Molti dei gruppi distribuiti in ventidue centri esistevano soltanto sulla carta. Gli aderenti non superavano il migliaio. Pochi gli incontri, dove si concionava contro la partitocrazia e il comunismo dilagante. Niente giornali. Scarsa propaganda. Rarissime le uscite in pubblico.

«A farla corta, il Fronte era soltanto Borghese. Un mito vivente e, anche, un arcano riproposto di continuo dai misteri di quel tempo disastrato. Nacque così la seconda leggenda del Principe nero. Alimentata soprattutto dagli avversari. Era Borghese a tirare i fili della sovversione di destra. Era lui lo spettrale istigatore della strage di piazza Fontana e il burattinaio della rivolta di Reggio Calabria, quella nera dei Boia chi molla. Infine era lui, in Italia, l'uomo della Cia, il servizio segreto americano, colpevole di ogni nefandezza.

«Si alzò un polverone tale che Borghese, impensierito, decise di difendersi con quattro querele: una al libro *La strage di Stato*, due all'"Espresso", la quarta alla "Domenica del Corriere". Poi spiegò di non essere fascista, ma soltanto un patriota avversario della democrazia parlamentare. E rivelò di avere un sogno: abolire i partiti, compreso il Msi, resuscitare le corporazioni, dare vita a uno Stato forte, tutto legge e ordine.»

«Ma era davvero così? Cominciai a cercare Borghese alla fine del novembre 1969, venti giorni prima di piazza Fontana. Un amico mi suggerì di contattare l'addetto stampa del Fronte, Antonio Leva. Ebbi da lui un indirizzo di Roma, via Giovanni Lanza 130: "È quello del Comandante, lo troverà lì".

«Mi sembrò troppo facile. E invece al telefono rispose proprio Borghese. Possedeva una voce imperiosa, ma il tono fu molto cortese. Mi spiegò che stava partendo e non poteva incontrarmi. Conversammo per pochi minuti. Gli chiesi se voleva ricostituire il partito fascista. Il Principe si mise a ridere: "Ma per nulla al mondo! Sarebbe una follia dannosa. Legga il nostro programma e capirà".

«Ci riprovai l'anno dopo. E senza averlo previsto m'infilai in un pasticcio politico, che va rievocato tenendo d'occhio le date. Il giovedì 3 dicembre 1970 telefonai all'uomo di fiducia del Principe: Carlo Benito Guadagni, impresario edile, un signore massiccio, che era stato un marò della Decima. Mi convocò per l'indomani mattina in un ufficio della propria azienda, La Facciata, sempre in via Giovanni Lanza a Roma: qui avrei incontrato Borghese.

«Venerdì 4 dicembre, con il fotoreporter Mimmo Frassineti, bussai all'uscio della Facciata. Ecco Borghese. In pullover, il corpo fatalmente appesantito, la schiena un po' curva, le guance cascanti. E l'aspetto più vecchio dei suoi sessantaquattro anni. Seppi dopo che soffriva di enfisema polmonare, la malattia dei sommergibilisti. Ma aveva mani forti. I gesti decisi del militare abituato al comando. Lo sguardo di un uomo sicuro di sé, però non spavaldo.

«L'ufficio era modesto. Zeppo di giornali, di libri, di carte. In un armadio stavano i documenti della X

Mas ai tempi di Salò. Sulle pareti i ricordi della storia passata, a cominciare dal gagliardetto della Decima: una X in campo azzurro e il teschio con la rosa in bocca. Infine un manifesto del Fronte, con le cinque piaghe da combattere: corruzione, droga, pornografia, omosessualità, prostituzione. E il profilo di un bambino in lacrime che strillava: "Mamma, papà, che cosa aspettate a difendermi?".

«Borghese cominciò con il sottopormi a un esame, iniziando dal mio libro sull'esercito di Salò, pubblicato quell'anno. Me lo rimproverò blandamente: "Non mi è piaciuto. Però mi aspettavo di peggio da un antifascista come lei". L'interrogatorio andò avanti per un'ora. Alla fine il Principe chiese: "Lei scriverà su di me un articolo obiettivo?". Risposi di no: "Non ne sarei capace". Borghese annuì soddisfatto: "È una risposta da uomo schietto. Le darò l'intervista. Ma domani pomeriggio. Sarà un affare lungo. E adesso mi manca il tempo".

«Sabato 5 dicembre parlammo per tre ore, dalle 16 alle 19. Il Principe sopportò decine di domande, che partivano dall'8 settembre 1943 per arrivare all'attività del Fronte. Mi lasciò usare il registratore. Sorridendo, rifiutò di rivedere l'intervista: "Anche stavolta mi attendo il peggio. Ma non m'importa". Poi mi congedò con una stretta di mano: "Venga con noi nel Fronte. Si sentirà un uomo libero".

«Scrissi l'intervista la sera di lunedì 7 dicembre. Proprio in quelle ore, così poi si disse, gli armati del Fronte si preparavano ad assaltare la Rai. E il mio articolo, intitolato *Deliri del Principe nero*, uscì sulla

"Stampa" il mercoledì 9 dicembre, ossia ventiquattro ore dopo il fallimento del presunto golpe. Un golpe che nessun giornale, nessuna radio, nessuna tivù registrò.

«La storia emerse l'anno successivo, il 17 marzo 1971. Rimasi sbalordito. E cominciai a pormi qualche domanda. Uno che sta per attuare un colpo di Stato riceve un giornalista del campo avverso? Parla per tre ore davanti a un registratore acceso? Si lascia fotografare in pose tanto poco marziali? Forse sì, forse no. A quel tempo mi dissi: no, è assurdo che lo faccia. Sono rimasto della stessa idea. Per me quel golpe non c'è mai stato. Forse però sono l'unico a pensarla così.»

«Di quel mio incontro con il comandante Borghese esiste una parte che non ho mai rivelato» disse Paolo a Carlotta. «È la chiacchierata che ci regalammo una volta conclusa l'intervista. Lui mi chiese di spegnere il registratore, quindi mi confessò di essere molto preoccupato per il futuro dell'Italia. Insidiata da un nemico che portava dentro di sé: la cosiddetta democrazia, fondata sui partiti politici.

«Il Comandante spiegò il suo allarme così: "Gli italiani sono un popolo meraviglioso, capace di eroismi e di sacrifici come nessun altro. L'ho constatato di persona nel corso della guerra. Ma siamo anche un popolo anarchico che odia la disciplina, non sopporta di osservare le leggi, è troppo attaccato al proprio interesse particolare. Sotto questo punto di vista, i peggiori sono i professionisti della politica. A cominciare dai gruppi dirigenti dei partiti più forti, l'unica cosa che conta non è il buongoverno del paese, bensì il potere e la ricchezza che ne deriva. Presto se ne renderà conto anche lei. Se non sbaglio, ha trentacinque anni. Quando ne avrà cinquanta si vedrà assediato da una partitocrazia disonesta e dunque incapace di osservare anche i più elementari doveri che la moralità pubblica impone.

«"Le consegno una profezia, mio caro intervistatore. L'Italia verrà soffocata da una corruzione politica senza pari in Europa. Emergeranno storie incredibili di prepotenze e di arricchimenti. A somiglianza del pizzo imposto dai mafiosi, la tangente diventerà obbligatoria per ottenere un appalto, una cattedra universitaria, un avanzamento di carriera. La corruzione esisteva anche sotto il regime fascista, sarebbe assurdo negarlo. Ma diventerà devastante pure nella repubblica nata dalla guerra civile".»

«E tu che cosa hai replicato al comandante Borghese?» domandò Carlotta a Paolo.

«Niente. Il motivo? Intuivo che aveva ragione. Come poi si è visto quando esplose Tangentopoli. Presto ne parleremo.»

24
La Vergine democristiana

Carlotta osservò: «Tu hai scritto molto a proposito della politica italiana. Mia madre è da sempre una tua lettrice fedele e attenta. Quando sono diventata grande, mi ha detto: "Gli articoli di Paolo mi hanno spesso fatto pensare che avesse degli informatori coperti dentro i partiti più grandi. Non erano delle spie, poiché non c'era nulla da spiare. Erano piuttosto delle vedette che gli segnalavano i cambiamenti in vista e soprattutto descrivevano come ragionassero i capi più importanti, quelli decisivi". È vero?».

«In parte sì» ammise Paolo. «Queste vedette, come le chiama tua madre, erano degli amici che avevo conosciuto per caso. A loro piaceva il mio modo di lavorare, senza le eccessive faziosità di altri cronisti. Amavano chiacchierare con me. Ma i nostri rapporti non hanno mai superato una certa soglia. Soltanto con uno di loro nacque un'intimità imprevista. Ma dovrei dire una di loro, dal momento che era una ragazza democristiana.»

Si chiamava Maria Assunta. Nata nella stessa città di Paolo, da adolescente si era trasferita a Roma, al seguito del padre, un dirigente delle Poste e Telegrafi. E quando lei e Paolo cominciarono a frequentarsi aveva una quarantina di anni. Un tantino più giovane di lui, ma non poteva essere considerata una fanciulla. Era una signora, anzi una signorina dal momento che non aveva mai voluto sposarsi.

Si conobbero a un congresso della Dc e fu lei a cercare Paolo. Si presentò nel settore riservato alla stampa e gli disse: «Non può saperlo, ma veniamo dalla stessa città. Quando sono partita per stabilirmi a Roma, lei frequentava Scienze politiche a Torino, mentre io avevo appena superato l'esame di maturità classica, nel suo stesso liceo. La conoscevo da lontano, per la pessima fama che la circondava».

«Perché pessima?» chiese Paolo sorpreso. La donna ribatté: «Perché lei stava in un gruppo di studenti laici e anticlericali. Avevate persino fondato un circolo culturale, intitolato a Piero Gobetti. E cercavate di scuotere la pigra borghesia della città con dibattiti molto polemici. Ricordo una conferenza sull'ateismo e un'altra sui movimenti anticlericali. Naturalmente mi ero ben guardata dal frequentarvi. Avevate pure la nomea di essere donnaioli senza vergogna, sempre a caccia di femmine. Così sosteneva mio padre che non vi apprezzava per niente».

«Ma tu dove lavori a Roma?» domandò Paolo. Lei spiegò: «Sono all'ufficio stampa della Dc. Non è un posto comodo. Dobbiamo sempre combattere con i tanti uffici simili al nostro, quelli personali che dipendono dai leader di seconda e terza fila, per poi arrivare alle strutture delle correnti. Sono molto organizzati e aggressivi. E hanno più soldi di noi».

Paolo era un giornalista sempre molto curioso. Chiese a Maria Assunta di lasciare per una mezz'ora il congresso e la condusse in un piccolo bar non frequentato da politici democristiani. Mentre prendevano un caffè, Paolo domandò: «Da dove arriva tutto questo denaro?». Lei non ebbe esitazioni: «Dalle tangenti che incassano, dagli affari che concludono, dal pizzo che spesso impongono a chi dispone di molti soldi. In questo caso si comportano come la mafia: se non paghi saranno guai. Gli altri partiti, soprattutto i comunisti e i socialisti, non si comportano in modo diverso».

Dopo quell'incontro al congresso, Paolo e Maria Assunta iniziarono a vedersi una volta alla settimana. In un ristorante lontano dal centro di Roma, un locale tranquillo dove era difficile imbattersi in qualche giornalista e meno che mai in un politico importante. E si accorsero che quel trovarsi piaceva a entrambi. Lei era una donna di una bellezza strana: alta, magra, dall'eleganza mai eccessiva, i modi cortesi, però sempre riservati. Un giorno spiegò a Paolo: «Di carattere sarei una solitaria. Anche per questo non mi sono mai sposata. E se vuoi saperlo sono ancora vergine».

«Ti stai offrendo a un possibile amante?» le domandò con un sorriso Paolo, che in quel tempo sapeva essere una vera canaglia. Ma lei non si arrabbiò, anzi rivelò di saper stare al gioco. Gli chiese: «Tu accetteresti di diventare il mio uomo nascosto? Attento a come rispondi! Perché in quel caso dovresti superare il muro della mia illibatezza».

Paolo le replicò: «La verginità non è mai un problema fisico, ma un atteggiamento mentale. Mettiamola così: non ne parleremo più, sarai tu ad affrontare l'argomento il giorno che ti deciderai. Per entrare nel mio letto o in quello di qualche altro maschio».

Maria Assunta rimase in silenzio per qualche istante. Poi domandò a Paolo: «E se preferissi il letto di una signora?». Lui alzò le spalle: «Non tutti i gusti sono alla menta, diceva mia madre. In quel caso rispetterei la tua scelta. Non smetterei di stimarti e avrei sempre voglia di incontrarti».

Lì per lì non accadde nulla. Ma la Vergine democristiana continuò a frequentare Paolo. Per il piacere di parlare con lui e per la sensazione di tranquillità amichevole che ne ricavava. Un giorno gli disse: «Tu potresti essere il fidanzato ideale di una quarantenne imbranata che ha sempre avuto soggezione dei maschi. Non è vero che siamo noi donne a comandare. È una bugia che spacciate voi uomini per sfuggire alle vostre responsabilità».

Maria Assunta fu decisiva per far capire a Paolo quale strano animale fosse la Democrazia cristiana. Nei decenni del suo potere, veniva sempre descritta a tinte fosche dalla grande maggioranza dei giornalisti che si occupavano della politica italiana. La Balena bianca, come in seguito venne chiamata, era ritenuta un partito di affaristi corrotti o di golpisti pronti ad assassinare la democrazia.

Maria Assunta gli spiegò che invece la Dc era un insieme di tante cose diverse. Anche positive, e spesso molto positive. Altrimenti non sarebbe mai stata votata dalla maggioranza degli italiani e per tanti anni.

«L'Italia si fida della Dc non per quello che riesce a fare, ma per quello che non fa. È una vecchia moglie che non tradisce mai il marito, lo soccorre quando è in difficoltà, rifiuta gli eccessi e le sregolatezze, racconta il minor numero possibile di bugie, non azzarda mai il passo più lungo della gamba. Il suo segreto» spiegava Maria Assunta «è la mediocrità. Non ha un'ideologia precisa, non promette il paradiso in terra come fanno i comunisti, non ha il piglio autoritario che mostrano i nuovi socialisti.»

Anche i suoi leader erano lontani dagli eccessi. Persino Amintore Fanfani, che poteva sembrare un Mussolini in miniatura e invece era soltanto un signore un tantino collerico. Andreotti era il più astuto di tutti i big dello Scudo crociato, ma non sarebbe mai stato tentato da un'avventura autoritaria. Aldo Moro era un santo prima ancora di essere ucciso dalle Brigate rosse. Mariano Rumor non avrebbe torto un capello al più debole dei suoi avversari.

Un giorno Maria Assunta azzardò una profezia: «L'Italia ha una malattia incurabile: l'eccesso di corruzione. Prima o poi, la magistratura tenterà di sradicare questo cancro, mandando in carcere plotoni di politici. Molti di loro risulteranno democristiani. Gli altri comunisti e socialisti. A quel punto la Prima Repubblica finirà. Ma quello che verrà dopo sarà ancora peggiore. Se siamo fortunati, avremo un governo di professori e di super tecnici. Se la buona sorte non ci assisterà, verremo governati da signori qualunque, che useranno in modo sfacciato il potere che nasce dai soldi. E comincerà il declino dell'Italia».

Una sera annunciò: «Ho deciso di sposarmi. E ho pure trovato un marito, un medico della mia stessa età che andrà a lavorare negli Stati Uniti. Ma prima di partire, mi rimane un obbligo: quello di concedermi a te. Non voglio consegnare la mia illibatezza a un signore che conosco a malapena».

«La parola obbligo non mi piace» le replicò Paolo. «Sono disposto a soddisfarti soltanto se tu lo desideri, e molto. A costo di sembrarti volgare, voglio dirti che le donne non mi mancano. Perché dovrei prendermi cura di te e dei tuoi obblighi?»

Maria Assunta si intristì. Poi replicò con un filo di voce: «Perché sei l'unico uomo che ho imparato a conoscere bene. E che non spaventa una vergine stagionata come la sottoscritta».

«Dunque sei finalmente andato a letto con questa Maria Assunta!» esclamò Carlotta. «Ci ha messo del tempo, la Vergine democristiana. E anche tu, accidenti! Raccontami qualche dettaglio. Voglio saperlo perché mi sento come una fidanzata gelosa rimasta con il piattino vuoto in mano!»

Paolo borbottò: «Qualche dettaglio? Una bella pretesa la tua. Maria Assunta mi portò a casa sua, un piccolo appartamento vicino a piazza Navona. Lì mi spogliò e si spogliò. Poi mi condusse dentro il suo tesoro. Tutto fu molto rapido. E un quarantennio di illibatezza andò in fumo. Lei urlò e io pure. Poi mi confessò: "Immaginavo una cerimonia più lunga, tormentata e dolorosa. Mi sbagliavo. Ma forse è meglio così. Dirsi addio è sempre un problema".

«Le replicai: "Per noi due non lo è stato. E sai perché? Tu e io siamo diventati amanti il giorno del nostro primo incontro. Quello che è accaduto oggi eravamo in grado di farlo allora. Tu non l'hai chiesto e io ho rispettato il tuo riserbo".

«Maria Assunta rimase in silenzio. Poi disse: "Sapevo che mi hai sempre desiderato. Ma non hai voluto dirmelo. Sei un vero signore. Non troverò più un gentiluomo come te".

«Ci rivedemmo nei giorni successivi. Maria Assunta si rivelò una peccatrice senza ritrosie. Non era mai sazia di farsi prendere e di prendermi. Mi domandai come si sarebbe comportata con l'uomo che stava per sposare. Poi mi misi il cuore in pace. E dissi a me stesso: "È un problema che non mi riguarda più"».

25
Le tante Balene bianche

«Non mi bastano le descrizioni della tua Vergine democristiana!» protestò Carlotta. «Parlami piuttosto della Dc come l'hai vista tu. Scegli il periodo che più ti aggrada. E parti da un personaggio qualsiasi di quel partito. Non m'importa che sia uno dei capi della parrocchia. Può anche essere una figura minore, ma che tu consideri il tipico democristiano.»

«Sta bene» rispose Paolo. «Se vuoi un prototipo, sceglierò Marco Follini. Quando l'ho conosciuto era un deputato di prima nomina, romano, classe 1954, delegato nazionale del Movimento giovanile dicì, una carica che gli aveva procurato un posto nella direzione del partito.

«Follini mi è rimasto nella memoria per quella che sembra un'inezia, ma non lo è. Un pomeriggio, la data non la ricordo, stava pronunciando a Montecitorio un discorso contro Silvio Berlusconi. Lo leggeva da un mazzetto di foglietti che, via via, scartava. Ma in che modo li scartava? Posandoli sul banco? Macché, li passava con noncuranza regale al famiglio che gli sedeva accanto. Che, in realtà, famiglio non era, trattandosi di un deputato dell'Udc, investito del delicato incarico di raccattapagine.

«Mi ha affascinato il gesto folliniano» spiegò Paolo, «perché vi ho avvertito il segno di altri tempi, la risonanza di un'età lontana. Dell'epoca in cui la Democrazia cristiana esisteva ed era strapotente. Tutti i leader bianchi, alla Camera e al Senato, nelle occasioni storiche avevano accanto il proprio raccattafogli. Affinché neppure una riga del loro verbo andasse dispersa. E, alla fine, il prezioso malloppo fosse pronto per l'archivio del partito.

«Ma sì, diciamolo!» esclamò Paolo. «Se la Dc, la mamma Dc, ha partorito una razza mammona, il giovane Follini è l'ultimo esemplare di quella etnia. Non da solo, certamente. Però di sicuro il più simile agli antenati e il più capace di riprodurli. Follini è l'uovo di dinosauro nascosto nella giungla di Jurassic Park, quella della politica attuale. Dunque dovrebbe essere tutelato come una reliquia attiva da chi sogna di resuscitare la Dc.»

«Tu credi che oggi sarebbe difficile riportare in vita la Balena bianca?» domandò Carlotta.

«Io lo ritengo impossibile» rispose lui. «E prima ancora inutile o dannoso. E lo dico da testimone. Che nel corso degli anni ha visto Mamma Dc possedere tutto, poi andare in declino, quindi in agonia e infine essere ghermita dalla morte.

«Nel tempo del trionfo, la Dc comandava con il pugno di latta nel guanto di lanetta. Il suo regime c'era. Però apparteneva al genere soffice, bonario, segnato da una voracità cautelosa, pronta più alla mancia che al randello.

«Esistevano delle eccezioni a questa regola. Ma il suo potere, esercitato per decenni senza antagonisti in grado di insidiarlo, aveva finito per diventare una rete a maglie larghe. Dove pure chi si opponeva, il Pci per primo, non aveva motivi per iscriversi alla categoria dei martiri.

«Se ripenso al mio lavoro di cronista della Balena bianca, la memoria mi restituisce il ricordo di un partito tollerante. Potevi scrivere le peggio cose su di loro, però nei santuari, nei consigli nazionali, nei congressi, ti accoglievano sempre con il tappeto rosso e il sorriso sulle labbra. La battuta più asprigna me la scoccò Giulio Andreotti. Un giorno mi sorprese nell'atrio di piazza del Gesù mentre prendevo degli appunti su un taccuino, stando in piedi. Allora mi domandò, beffardo: "Ma che fa? Le contravvenzioni?".

«Mi chiederai: era tolleranza o menefreghismo da super potere? Era l'una e l'altro insieme. La Dc possedeva tutto. E poteva contare su tutti. I preti e la polizia. La Confindustria e la burocrazia statale. I magistrati e la Coldiretti. La sanità e le Casse di risparmio. I servizi segreti e la Confcommercio.

«Nelle aziende pubbliche la Balena bianca faceva quel che voleva. Andava così all'Iri, all'Eni, nelle banche di Stato, alla Rai. Già, la Rai! In quel tempo, ci comparivi soltanto se la razza mammona ti firmava il passi. Un timbro indispensabile anche per chi ambiva a dirigere giornali pubblici. Soltanto in seguito, qualche lotto sarebbe stato appaltato al Psi e al Pci, non sempre con esiti memorabili.

«Era la tecnica della mancia. Poteva produrre effetti mostruosi quando veniva applicata alla spesa pubblica, ossia ai conti dello Stato. Qui Mamma Dc aveva escogitato una teoria speciale: il bilancio è come un mercato. Dove tutti possono servirsi a prezzi di favore. E non di rado senza pagare.

«Qualche Cassandra strillava: in questo modo andremo tutti a fondo! La Balena bianca domandava: quando accadrà? Domani, fra un anno, fra dieci? Ma domani sarà un altro giorno. Dunque, che la festa continui. Con l'avallo tacito dell'odiato avversario comunista, i senzadio dell'Elefante Rosso. Felici di chiudere entrambi gli occhi in cambio di qualche briciola sostanziosa. E di compensare così la propria impotenza a scalzare i maledetti dicì.

«Sarebbe una iattura rimettere al mondo un partito siffatto. Ma comunque chi volesse cimentarsi in questo esperimento da dottor Frankenstein troverebbe un ostacolo insormontabile. Che non è la mancanza dei voti democristiani. Quelli esistono ancora, dispersi in tutto l'arco politico e molti alle prese con una fastidiosa malinconia.

«A non esserci più sono gli uomini che, nel bene e nel male, avevano reso grande la Balena. Ossia i capi democristiani di cui si è persa la memoria. Gli esemplari decisivi della razza mammona. Dei giganti, anche negativi, rispetto agli odierni Follini, Casini, Mastella, Marini, Tabacci, D'Antoni & C. Tutti imparagonabili ai prototipi che adesso ricorderò. Tentando una classificazione arbitraria, ma spero chiarificatrice.»

«Comincerei con i Sedanti. Dal verbo sedare, tenere tranquillo il cittadino qualunque, il popolo bue» elencò per primi Paolo. «Fu questa la magia della Dc, partito non ansiogeno per vocazione. Quanti amici ho sentito dire: voto diccì perché la Balena bianca mi fa vivere in pace! Del resto, questo prometteva l'inno dello Scudo crociato, in una strofa poco conosciuta: "Oh bianco fiore / simbol d'amore / con te la pace / che sospira il cor!". Rammento dei Sedanti formidabili. Come Arnaldo Forlani, il Coniglio Mannaro. O Mariano Rumor, tutto il contrario del suo cognome. E poi Emilio Colombo, tanto serafico da campare sino a novantatré anni. E naturalmente il leader più grande e tragico, Aldo Moro.

«Tra i Gatti di Marmo, i capi dal forte potere mai esibito, anzi sempre celato, spiccava Toni Bisaglia. Una bestia da combattimento, però con l'aria del micione da sacrestia. Freddo, astuto, formidabile nella manovra politica come negli affari. Partendo dalle nebbie di Rovigo, era diventato uno dei re della foresta dorotea. Un giorno mi disse: "Non farò mai il segretario della Dc, ma sarò sempre uno dei pochi che lo decidono".

«Bisaglia possedeva una qualità in più. Gli piacevano le donne. Ed era un corteggiatore in servizio permanente, sempre molto fortunato. Non nascondeva mai le sue vittorie sessuali. Nel senso che non era restio ad ammetterle se qualcuno gli chiedeva di parlarne. Non aveva l'aspetto del dongiovanni: sembrava un bietolone, impacciato nel parlare. Dunque doveva possedere delle qualità segrete. Per lui andavano pazze le signore della buona borghesia, soprattutto romana. E sui loro rapporti si mormoravano una quantità di storie a luci rosse.

«Un altro micione era Nino Gullotti, il principe di Messina, anche lui un fedele di santa Dorotea. Calvo, pallido, silenzioso e scapolo, veniva chiamato "il Santo". Sul suo conto dicevano: "Il Santo ha sposato la Dc". Possedeva il 41 per cento di tutte le tessere bianche di Sicilia. Erano un titolo al portatore. Potevano essere consegnate a chiunque. A parenti stretti. A emigrati. A defunti. A vivi pescati a caso sull'elenco del telefono.

«Zeppo di tessere era anche Remo Gaspari, pacioso ras dell'Abruzzo. Un big che amava la penombra mi sembrava pure Paolo Emilio Taviani. Andai a trovarlo nella casetta di Bavari, sopra Genova, un arredo da canonica di campagna e il ritratto di don Bosco alla parete. E lui esclamò subito: "Ah, che bella donna è il potere!".

«Venivano poi gli Infuriati. Il capofila era Amintore Fanfani. Sempre agitato al limite della furia mi appariva Flaminio Piccoli. E come scordare Carlo Donat-Cattin? Un combattente solitario, ai congressi non portava mai nessuna truppa cammellata. Sapeva guardare lontano, questo torinese scabro. E fu uno dei primi a intuire che la marcia trionfale della Balena non avrebbe tardato a diventare una marcia funebre. Ringhiava: "La Dc sta finendo. Ormai l'uccello padulo vola all'altezza del culo...".

«Tra i Velleitari, con aspirazioni buone, ma spesso eccessive e confuse, metterei Francesco Cossiga. Noi cronisti carogne gli dobbiamo l'onore delle armi: sopportava tutto, senza una querela o una causa civile. Però il campione vero di questa frazione era Ciriaco De Mita. Gianni Agnelli lo definiva "un intellettuale della Magna Grecia".

«De Mita era tanto fiducioso della propria supremazia da leggere una relazione congressuale di sei ore. Prima di un'intervista esordiva così: "Tu non mi capisci, non puoi capirmi. Ma allora come pretendi di farmi delle domande?". Tutto l'opposto del capofila delle Anime Buone: Benigno Zaccagnini, segretario nei giorni del sequestro Moro, dilaniato tra l'affetto per il capo prigioniero e il dovere della fermezza.

«Adesso siamo alle Tigri, i duri capaci di azzannare. Salvo Lima, quasi muto, inavvicinabile, padrone di Palermo e finito accanto a un cassonetto dell'immondizia, assassinato da un commando mafioso. Il suo avversario era Giovanni Gioia, sei volte deputato e ministro. Anche lui ti fissava in silenzio, occhi a biglia chiari e freddi. Mascella quadrata. Labbra carnose. Il doppiopetto gessato come il professore tedesco di *Giungla d'asfalto*. Alberto Alessi, della sinistra dicì, mi chiese: "Ha notato lo sguardo di Gioia? È vitreo e fecondativo di pensieri strani". E poi Antonio Gava, un sovrano assiso sul golfo di Napoli. Si atteggiava a intellettuale. Gli domandai: "Qual è l'ultimo romanzo che ha letto?". Lui mi spiazzò, sogghignando: "La mia vita è un romanzo. Ci sta di tutto. Ecco, io leggo quello!".

«E infine l'Unico, l'Inclassificabile, il Tenebroso: Giulio Andreotti. A ottantacinque anni, sedeva ancora a Palazzo Madama, senatore a vita, profilo da uccello, ingobbito sotto un carico di misteri che non ci avrebbe mai rivelato. Immancabile, accanto a lui vedevi la sua ombra: Franco Evangelisti. Era un altro campione di astuzie. Sempre generoso anche con i cronisti che sapeva poco benevoli con il suo capo. Al contrario di De Mita, diceva: "Vieni qui che ti aiuto a capire, testa di cazzo". Di solito lungimirante, una volta sbagliò, spiegandomi: "La Dc governerà fino al Duemila, perché so' stronzi gli altri!".

«Allora il Duemila sembrava lontanissimo. E tutti i capi della Balena si credevano immortali. Neppure il declino personale incrinava la loro fiducia d'acciaio. Quando già non contava più nulla, Rumor proclamò: "Noi dorotei siamo come la foresta amazzonica: più ne tagliano, più ne cresce". Poi arrivò il Novantadue di Tangentopoli. E anche la Dc tirò le cuoia. Bisogna rimetterla in vita? Ma non scherziamo, per favore.»

26
Il monarca rosso

«Adesso non puoi evitare di raccontarmi di quando hai intervistato l'imperatore del Pci!» ordinò Carlotta. «Mia madre mi ha fatto una testa così per quel tuo colloquio con Enrico Berlinguer. Ma bisogna capirla. Lei era, e lo è ancora, una signora borghese che non inviterebbe mai a cena un metalmeccanico, però ha sempre votato per i comunisti.

«Da quando il Partitone rosso, come lo chiami tu, è scomparso, non va più al seggio elettorale» continuò la ragazza. «A me sembra un controsenso. Ma se glielo dico, lei borbotta qualcosa di incomprensibile. E poi mi manda a quel paese...»

Paolo sospirò: «La capisco tua madre. È sempre stata una passionale. Quando il Partitone era guidato da Berlinguer, molti borghesi stravedevano per lui. Però il Pci era un mondo assai più complesso. E non tutto il partito digerì la mia intervista. Comunque ti racconterò quella giornata».

«Devo premettere» disse Paolo «che nel 1976 lavoravo per il "Corriere della Sera" guidato da Piero Ottone. E mentre si avvicinava il giorno del voto scrissi un'inchiesta a più puntate sul Pci che mirava a superare la Dc nel responso delle urne. Era il famoso sorpasso. Furono proprio quegli articoli che mi vennero rinfacciati il giorno che andai alle Botteghe Oscure per intervistare il leader comunista.

«"Ah, sei tu che hai scritto sul 'Corriere' quelle formidabili stronzate sul partito!" mi ringhiò bonario Tonino Tatò. Non era soltanto l'addetto stampa del segretario, ma un personaggio ben più importante. Alberto Ronchey, il direttore della "Stampa", l'aveva ribattezzato "suor Pasqualino", la versione maschile della monaca occhiuta che si prendeva cura di papa Pio XII e ne imprigionava le giornate con la sua presenza asfissiante.

«"Ma chi te le ha raccontate tutte 'ste balle su Enrico che ho letto nella tua sedicente inchiesta sul Pci?"» mi incalzò Tonino. Stavo raccogliendo le forze per la risposta, quando suor Pasqualino mi rifilò una fraterna pacca sulle spalle e ruggì: "Le hai portate le domande per l'intervista a Enrico? Dai qua, che devo prima vederle io!".

«Cominciò a scorrerle con la velocità della luce. Poi emise il primo giudizio: "Cazzo!". Non gli piaceva la domanda su Dubček, il leader comunista cecoslovacco messo fuori gioco da un intervento militare sovietico. Tonino ringhiò: "Lascialo perdere il compagno Dubček, porta jella!". Non gli garbava neppure quella sulla Nato: "Che c'entra la Nato con le elezioni parlamentari? Chiedi a Enrico della Dc, della responsabilità di 'sti cazzi di democristiani nella crisi dell'Italia. Adesso vediamo. Ma per l'intervista non ti garantisco niente. Siediti e aspetta, perché adesso ho l'obbligo di soddisfare 'sta giornalista svizzera…".»

«Enrico Berlinguer è stato l'ultimo vero Segretario Generale. E non soltanto del più grande partito della sinistra. Parlo anche degli altri grandi partiti italiani. Guidati da leader a volte capaci, a volte no. Ma tutti troppo arrendevoli ai media e sempre alla ricerca della visibilità.

«Per apprezzare la siderale alterità di Berlinguer, bisogna raccontare come si arrivava a intervistarlo. Ossia attraverso quale rito religioso occorreva passare, prima di raccogliere il verbo che lui aveva deciso di affidarti.

«L'officiante del rito era Tatò. L'angelo custode. L'eminenza grigia del berlinguerismo. Era bello suor Pasqualino. Alto. Prestante. Voce bene impostata. Mix perfetto di alterigia e di cordialità. Splendido profilo tra il centurione e il barbiere di lusso. Chioma nera, imbrillantinata, taglio anni Quaranta, da attore nei film dei telefoni bianchi.»

Era lui a stabilire il trattamento da riservare ai giornali. Un'intervista vera, faccia a faccia con il Segretario Generale. Oppure soltanto risposte scritte, da Tonino ovviamente. La volta della Nato e di Dubček, era il giugno 1976, vigilia elettorale, a Paolo toccò l'intervista vera. Quella precotta se la beccò Gaetano Scardocchia, allora capo dell'ufficio romano della «Stampa».

Gaetano protestò per un'ora, ma non ci fu nulla da

fare. Tonino spiegò a Paolo che non era per disistima verso Scardocchia, ma per il padrone del suo giornale, Umberto Agnelli, candidato della Dc al Senato. In quel tempo, il Dottore e la sua cerchia non erano amati alle Botteghe Oscure. E Fortebraccio, il sarcastico corsivista dell'«Unità», li bollava così: «Arriva Umberto Agnelli scortato da Luca Cordero di Montezemolo, che non è un incrociatore».

Berlinguer era l'opposto di suor Pasqualino. Prima di tutto nell'aspetto fisico. Una figura smilza, quasi fragile, da adolescente che non ha mai giocato a pallone ed è invecchiato di colpo, le spallucce un po' incassate, la schiena già curva come per una scoliosi precoce. In quel 1976 aveva cinquantaquattro anni. Però il viso era più vecchio, il volto di un uomo che non si risparmiava, che aveva consegnato se stesso alla politica e al partito.

Un pallore grigio da fatica. Occhiaie. Rughe ben nette. Capelli come aghi di un istrice. Barba di fine giornata pressoché bianca. Il vestito, poi, gli conferiva un'apparenza da semplice funzionario di federazione. Il solito abito carta da zucchero, un po' informe. La cravatta rossiccia annodata alla meglio. Una camicia bianca qualsiasi.

Eppure guai a lasciarsi ingannare dall'apparenza. Tutto l'insieme, invece di trasmettere una sensazione di fiacchezza, ti scagliava addosso una forza insospettabile in quel piccolo uomo. Un'energia contenuta, ma grandissima. Compressa come una molla pronta a scattare. Trave portante di un carattere ferreo, da super testardo, anche capace di molte asprezze.

Il carattere di un uomo abituato a nascondere il fuoco interno, la passione politica e la fede in una missione sotto una coltre fredda, dimessa. Quella che faceva sembrare un monarca rosso soltanto un suddito del partito. E un leader comunista indiscusso appena una formica paziente della lotta di classe.

«Questo scudo consentiva a Berlinguer di dissimulare un'altra dote che sperimentai subito, a mie spese, nei preliminari di quella intervista e di altre, successive» continuò Paolo. «Il Segretario Generale aveva un tratto da antico aristocratico che, nel ricevere un borghese che non conosce, lo fa parlare. Per capire quali siano le sue intenzioni. O per prepararsi a scansarne le pretese quando gli sembrino eccessive.

Me ne resi conto dopo: Berlinguer era il contrario dei politici verbosi che oggi danno aria ai denti da tutte le tivù, indefessi dichiaratori del nulla. Parlando pochissimo, sapeva ottenere lunghe confessioni.

«Mentre tu cadevi nella rete, lui ti ascoltava senza batter ciglio, senza mai scoprirsi, senza concedere che qualche rara briciola di se stesso. Condita da un sorriso stentato, ma sempre con una punta di malizia. Te lo regalava tormentandosi l'orecchio destro, un tic che emergeva quando non fumava una delle tante Turmac. O quando non beveva un dito di whisky allungato con molta acqua. Un piccolo vizio da praticare con lentezza, a sorsi misurati con parsimonia, l'aria curiosamente rassegnata di chi prende una medicina.

«Intervistarlo, soprattutto in momenti cruciali per

il Partitone rosso, richiedeva all'interrogante un'intensità pari alla sua. E fargli domande equivaleva a inoltrare quesiti scomodi a un santo assiso sotto il baldacchino. Tu all'esterno di quel riparo invisibile, ma esistente. Lui protetto e attento, chiuso nella lontananza dei propri doveri di leader e, insieme, teso a non sbagliare, per ottenere il meglio da quel duello.

«Mi ha sempre colpito in Berlinguer l'estrema cura che metteva nel rispondere. Aveva già studiato l'elenco delle domande, che suor Pasqualino si era preoccupato di portargli almeno un'ora prima. E davanti al tuo quaderno ancora bianco, aspettava da te la prima mossa. Quella d'avvio di una partita a scacchi di cui soltanto lui conosceva l'evolversi e l'esito.

«In tanti anni, non sono mai riuscito a sorprendere Berlinguer con domande-tranello. Se aveva accettato i quesiti che Tatò voleva bocciare, significava che intendeva fare del nostro colloquio un atto politico destinato a restare. Però deciderne il modo e il livello era affar suo. Dopo l'intervista sulla Nato, Giancarlo Pajetta parlò di forzatura giornalistica. Eppure doveva ben sapere che era un'eventualità inesistente con il Segretario Generale. E per il rito consumato nella piccola stanza, al secondo piano delle Botteghe Oscure: una scrivania coperta di carte, uno scaffale di libri, una fotografia di Gramsci alla parete.

«Furono tre ore di colloquio alla presenza di un Tonino teso più del suo capo. E a volte ansioso di suggerirgli le risposte. Quarantadue pagine di appunti. Il giorno successivo, la revisione del testo, sempre per opera del santo sotto il baldacchino. Armato di una biro nera, Berlinguer procedeva pensieroso, la fronte aggrottata, con una lentezza sfiancante. Propria di chi sa di avere, dentro il partito, tanti fucili spianati a suo danno. E ha imparato che ogni parola può nascondere un'insidia, e quindi va soppesata, valutata, in tutti i suoi pro e i suoi contro.

«Il Segretario Generale rileggeva ad alta voce le risposte che mi aveva dato» ricordò Paolo. «Se il testo non lo convinceva, la biro calava sul foglio per l'inevitabile correzione. "Lei corregge troppo!" protestavo. E lui, con un sorriso magro, replicava: "Non correggo: miglioro". Aveva una grafia minuta, ben disegnata, tutta spigoli, inclinata sulla destra, con certe lettere un po' uncinate. Adesso che la esamino dopo tanti anni, mi vien da dire: ecco una grafia d'acciaio, infrangibile come la struttura umana di re Enrico.

«Non corresse la risposta più impegnativa. Diceva: "Mi sento più sicuro sotto l'ombrello della Nato che sotto quello del Patto di Varsavia". Poco più di dieci parole che scatenarono il finimondo nella sinistra europea. L'intervista doveva uscire tanto sul "Corriere" che sull'"Unità". Ma la versione pubblicata dal quotidiano del Pci mancava della domanda e della risposta di re Enrico. La fazione filosovietica non la digerì. In seguito Armando Cossutta disse: "A Enrico gliela farò pagare!".»

«Brava gente, questi comunisti!» ridacchiò Carlotta «e il loro partito un covo di serpi...»

Paolo finse di non aver sentito e precisò: «Sto cadendo nel vezzo di mitizzare Berlinguer? Me ne guardo bene. Mi sono chiari i suoi errori, gli integralismi, le lentezze nel procedere verso un traguardo che sarà raggiunto, ma non da lui, soltanto nel fatale Ottantanove, con la caduta del muro di Berlino e il dissolversi dell'Unione Sovietica. Era anche un leader altero. Troppo orgoglioso della propria diversità. Sicuro all'eccesso di essere nel giusto. Moraleggiante. Un po' cupo. Fustigatore dei peccati del mondo.

«Ma come si fa a non rendergli onore? L'onore che spetta a un uomo che ha lottato per la propria causa in modo chiaro e leale. Dentro un'epoca sempre più marchiata dalla disonestà, dal trasformismo e dalla viltà».

27
Il compagno G

La ragazza aveva ascoltato Paolo a bocca aperta e disse: «Non mi aspettavo che tu parlassi di Berlinguer in questo modo. Nei tuoi articoli e nei tuoi libri sei sempre stato un critico severo di quello che chiamavi il Partitone rosso. La tua ricerca più famosa, *Il sangue dei vinti*, ha fatto impazzire di rabbia i comunisti. Raccontando in che modo si fossero comportati i loro padri politici dopo la fine della guerra civile. Con un'infinità di delitti e di violenze sui fascisti sconfitti. E adesso ti chiedi se dobbiamo rimpiangere il loro partito! Per quale motivo dovremmo farlo?»

«Non essere passionale e precipitosa!» le rispose Paolo. «Ti spiegherò il perché del mio interrogativo. Pur avendo commesso molti errori e molti orrori, nel nostro dopoguerra il partito di Palmiro Togliatti aveva saputo crescere una generazione di militanti che si distinguevano per il carattere saldo e per la fedeltà alla loro parrocchia. Mi è capitato di conoscerne uno: Primo Greganti. Ti dice nulla questo nome?»

Carlotta ci pensò su, poi rispose: «Se non sbaglio, è stato uno dei protagonisti negativi di una vicenda che prima o poi mi racconterai: la bufera di Tangentopoli che a partire dal 1992 mise a soqquadro quasi per intero la Casta politica italiana. Mi sbaglio o no?».

«Brava, per una volta non ti sbagli» le rispose Paolo. «Parleremo in seguito di quella tempesta e delle sue conseguenze. Ma adesso ti racconterò di questo Greganti, chiamato da noi giornalisti "il compagno G".»

«Per anni e anni, pure il Pci si era finanziato con soldi neri che gli arrivavano da varie fonti, molto diverse tra di loro. Si andava dalle mazzette robuste versate da aziende che per lavorare dovevano avere l'ok dei comunisti, sino al cosiddetto "Oro di Mosca". Ossia l'insieme delle provvigioni destinate alle Botteghe Oscure per immettere sul mercato italiano il gas metano che l'Unione Sovietica possedeva in quantità enormi nelle regioni siberiane. La mediazione del Pci fu decisiva per convincere l'Eni ad acquistarlo. E al Bottegone venne riconosciuto un credito di oltre dodici milioni di dollari. Fu pagato a rate, anno dopo anno, su un conto aperto in una banca elvetica.

«Invece le tangenti versate da aziende italiane venivano raccolte da cassieri fidati che poi le trasferivano in Svizzera. Erano compagni di assoluta affidabilità e di una onestà a prova di bomba. I pochi che vennero arrestati dalla Procura della Repubblica milanese non parlarono mai. Anche i dirigenti del Pci pizzicati dal pool di Mani pulite fecero scena muta, sia pure non tutti. E il Pci fu l'unico a salvarsi nel grande terremoto del biennio 1992-1993.»

«In quell'epoca per quale giornale lavoravi?» domandò Carlotta. «Hai cambiato così tante testate che fatico a raccapezzarmi!»

«Stavo all'"Espresso" come condirettore, ma spesso mi capitava anche di intervistare personaggi saliti alla ribalta. Uno di questi fu Greganti che incontrai due volte fra il giugno e l'agosto del 1993. Era nato a Jesi, in provincia di Ancona, nel febbraio 1944 e dunque aveva quarantanove anni. Un uomo di statura media, con una bella faccia da mezzadro ornata di barba corta, un sorriso aperto, il modo di fare spiccio proprio di chi è abituato a risolvere problemi complicati.

«Dopo aver lavorato da operaio alla Fiat, era passato nei ranghi dell'apparato del Pci che si occupava dei finanziamenti coperti. Doveva essere un vero osso duro. Neppure i tre mesi trascorsi nel carcere di San Vittore l'avevano convinto ad aprire bocca. Negò sempre di essere un corriere tra la Svizzera e l'Italia. E sostenne che i tanti milioni di lire che maneggiava erano suoi o avevano una provenienza lecita.»

«Incontrai Greganti nello studio torinese dell'avvocato che lo difendeva, il professor Gilberto Lozzi» ricordò Paolo. «La prima cosa che notai fu che mi strizzava l'occhio. Ma le strizzatine non erano un simpatico segno d'intesa fra lui e me, bensì soltanto un tic. Glielo avevano regalato i mesi a San Vittore e i tanti interrogatori sostenuti davanti ai pubblici ministeri Antonio Di Pietro e Tiziana Parenti.

«Il compagno G mi sembrò un tipo molto tosto,

del genere “Non mi arrendo mai”. Un uomo orgoglioso, dall’approccio sorridente-spavaldo, però non arrogante. Un politico dalla testa ai piedi. Rosso di dentro e di fuori. E soprattutto con una gran fiducia in se stesso, e la voglia forte di rialzarsi e di ricominciare il proprio lavoro “da imprenditore”, sosteneva lui, un impegno non da poco dopo un ko di quelli duri e un soggiorno in carcere.

«Confesso che né allora né oggi mi interessava sapere se Greganti avesse incassato delle tangenti per il suo partito o per se stesso. E neppure se fosse stato uno dei corrieri che riportavano in Italia dalla Svizzera i fondi neri versati da aziende grandi e piccole a favore delle Botteghe Oscure.

«I conti cifrati che risalivano a Greganti erano tre. Si chiamavano Gabbietta, Sorgente e Sartiame. Lui mi disse: “Sono conti miei, personali. Ne ho la titolarità e sono l’unico a poterli usare”. Poi aggiunse, sorridendo: “I nomi dei conti non li ho scelti io. Li assegna la banca svizzera. Io non avrei mai scelto Gabbietta. Un nome iettatorio che evoca la galera!”.

«Parlammo anche di questi conti cifrati, però a me premeva assai di più capire se il rapporto del compagno G con la casa madre rossa fosse rimasto intatto. La domanda era inevitabile dal momento che lui era stato subito scaricato dal vertice del Pds. Mentre veniva arrestato, il Bottegone aveva eretto nei suoi confronti una paratia d’acciaio. Affinché risultasse chiaro che il partito non aveva nulla da spartire con i fondi maneggiati da Greganti. Il 3 marzo 1993 un D’Alema gelido, parlando alla televisione sentenziò: "Fra tre giorni di questo Greganti non si parlerà più".

«Ma a proposito del muro eretto per separare l'attività del compagno G dal partito, lui alzò le spalle: "Non mi ha dato per niente fastidio. Anzi, aggiungo che l'ho trovata una giusta precauzione o cautela". E a proposito della battuta di D'Alema, osservò: «Per un verso, Massimo aveva ragione perché il mio caso era limpido, quei soldi rappresentavano il frutto del mio lavoro. Ma lui ha sbagliato a non prevedere la forte speculazione politica che i nostri avversari avrebbero imbastito partendo dalla mia vicenda".

«Gli citai altri casi di mazzette arrivate al suo partito. Come i 260 milioni della Fiat finiti nelle casse della federazione comunista di Torino. Parlammo di quanto dicevano alcuni dirigenti di medio livello a proposito delle tangenti incassate per conto della parrocchia rossa. Un compagno torinese aveva ammesso: "Ho fatto tante cose strane per il Pci che oggi non rifarei più".

«Gli rammentai le parole del magistrato Tiziana Parenti a proposito di una struttura segreta parallela al Pci e poi al Pds. Un apparato nascosto, incaricato di fare il lavoro sporco con le mazzette e i conti in Svizzera. Ma non ci fu niente da fare. Il compagno G non fiatò neppure con me.

«In parecchie ore di colloquio, Greganti non mi disse mai nulla contro la propria casa politica. Per ogni domanda, aveva una risposta in grado di tutelare se stesso e il partito. Mi ritornò in mente quello che aveva detto la Parenti del suo interrogatorio:

"Greganti ha sempre risposto alle mie domande, ma con mezze ammissioni e molte confusioni. Quando il compagno G parla, dice, non dice e confonde. In ogni caso, dice meno che può".

«Gli ricordai questo giudizio, ma lui sorrise tranquillo: "Io ritengo di non essere stato per niente confuso. Ho detto la verità e l'ho detta con coerenza. C'è un filo logico e chiaro che lega tutti i miei interrogatori". Poi difese persino Achille Occhetto, il segretario del Pds.

«Dal giorno che Tangentopoli aveva toccato anche il Partitone, Occhetto si era messo al riparo, recitando di continuo una giaculatoria che non cambiava mai: "Io non ne sapevo nulla". Per questo, alla Festa nazionale dell'Unità del 1992 a Reggio Emilia, in un dibattito avevo detto, tra gli applausi del pubblico: "Se Occhetto sostiene di non sapere nulla delle tangenti, è un ingenuo oppure un bugiardo". Ma in entrambi i casi non poteva guidare il più forte partito d'opposizione.

«Greganti replicò deciso: "Lei ha fatto male a parlare così. E le spiego il perché. Occhetto poteva davvero non sapere, nonostante la sua responsabilità di segretario. In ogni caso, stia attento, Pansa: si tratta di fatti su cui i tribunali non si sono ancora pronunciati".

«Era un vero osso da mordere, il compagno G» spiegò Paolo a Carlotta. «Ebbe soltanto un piccolo moto di stizza quando gli rammentai che per il vertice del Bottegone lui era diventato "il signor Greganti", nonostante i molti anni di militanza e la mole di lavoro delicato, svolto nell'interesse del partito. Lui replicò: "A chiamarmi così credo sia stato Davide Visani, il coordinatore della segreteria nazionale del Pds. Non ho mai lavorato con lui. E forse lui non sapeva che ho la sua stessa tessera. Sì, un po' mi sono incavolato. La mia fortuna è che stavo in carcere e non potevo comunicare rapidamente con il compagno Visani. Ho scritto qualcosa su questo. Anzi, ho scritto molto. Persino sulla carta igienica. Ma poi ho buttato via tutto".»

Paolo ricordò a Carlotta: «A conti fatti, sul gobbo di Greganti rimase soltanto un'ipotesi di reato: i 621 milioni ricevuti sul conto Gabbietta da un manager del gruppo Ferruzzi, Lorenzo Panzavolta. Greganti sostenne sempre che non si trattava di una tangente per il Pds. Quella cifra era soltanto il compenso per il lavoro svolto in Cina da una propria società, la Lubar. A me disse: "Lei potrà non crederci. Ma io ho lavorato seriamente e attivamente sul mercato cinese a favore del gruppo Ferruzzi. E ne ho le prove".

«Ma il signor Panzavolta aveva raccontato al pool di Mani pulite una storia tutta differente. Che arrivava alla radice dei guasti prodotti dai partiti, poi caduti nell'abisso di Tangentopoli. E documentava la voracità degli squali politici, appartenenti alle diverse parrocchie.

«In quel momento, Panzavolta, chiamato "Panzer" per la sua fama di dirigente rigoroso, aveva settantun anni e un volto asciutto da romagnolo sveglio e tenace. Si era fatto tutto da solo, crescendo dentro la Cmc, primaria cooperativa rossa di costruzioni con sede a Ravenna.

«Nel 1963 era stato chiamato dal vecchio Serafino Ferruzzi che gli aveva affidato le attività edilizie del gruppo, la Calcestruzzi SpA. Da direttore, il Panzer divenne amministratore delegato e poi presidente. Aveva qualità tanto solide e un'onestà a prova di bomba che Raul Gardini lo definiva così: "È un uomo d'ordine e di calcestruzzo".

«Ma neppure un panzer romagnolo era in grado di sottrarsi ai taglieggiatori di Tangentopoli. Il 30 gennaio 1993, sapendo di essere cercato dal pool di Mani pulite, il Panzer si presentò a Di Pietro. E raccontò la faccenda seguente.

«Dopo aver vinto l'appalto per la desolforazione delle centrali elettriche dell'Enel, era stato avvisato da un dirigente del Psi che la Calcestruzzi doveva versare alla Dc e ai socialisti l'1,50 per cento del valore dell'appalto. Il Panzer gli chiese se doveva pagare anche il Pci, visto che il Partitone rosso apparteneva allo stesso giro. Ma l'uomo del Psi gli rispose di no.

«Il Panzer, meticoloso come sempre, fece un po' di conti. Alla Dc andavano un miliardo e 250 milioni di lire, da versare in due rate. Lo stesso per i socialisti. Totale della tangente: 2 miliardi e mezzo. Destinatari: il senatore Severino Citaristi, segretario amministrativo della Balena bianca, e il deputato Vincenzo Balzamo, amministratore del Psi. Entrambi gli indicarono due conti svizzeri, uno a Lugano e l'altro a Ginevra.

«Per la schiettezza dimostrata con i magistrati,

il Panzer si vide annullare il mandato di cattura già pronto. Ma fu costretto a ritornare più volte davanti a Di Pietro. Gli raccontò di altre tangenti alla Dc e al Psi. E disse di aver dovuto pagare persino i regali di Natale che un consigliere socialista dell'Enel faceva agli amici.

«Spiegò: "Ogni anno, dal 1987 al 1991, ero costretto a sborsare dai 13 ai 15 milioni di lire, neanche fossi Babbo Natale con la slitta carica di soldi! In totale, la Calcestruzzi ha pagato 60-70 milioni di lire per le spese sostenute in regali natalizi".

«E non era finita. Verso la fine del febbraio 1993, il Panzer ritornò da Di Pietro. Deciso a vuotare il sacco sino in fondo, gli rivelò di essere stato costretto a pagare anche il Pci per quell'appalto Enel di desolforazione. Il conto, così sostenne, gli era stato presentato da Greganti. Un conto identico a quelli per la Dc e il Psi: sempre un miliardo e 250 milioni di lire, da versare in due rate.

«Panzavolta versò una prima rata di 621 milioni su un conto cifrato in Svizzera. Nome del conto: Gabbietta. Codice, banca e numero del conto gli erano stati indicati da Greganti, durante un incontro in un bar di Ravenna.

«Fu così che il compagno G venne acchiappato dal pool di Mani pulite. E il Panzer risparmiò la seconda rata della tangente. Il lunedì 2 marzo 1993 Greganti entrò nei locali della Procura della Repubblica di Milano. L'occhio impietoso della televisione lo colse mentre camminava nel corridoio dei pubblici ministeri.

«Andava svelto, ma sbandando. Un po' di qua, un po' di là. Aveva la faccia di chi sapeva di dover finire in una cella di San Vittore. Tuttavia, sorprese magistrati e avvocati perché aveva uno sguardo di risentita fierezza.

«Oggi, all'inizio del 2017, del compagno G non parla più nessuno. Dovrebbe avere settantatré anni. Spero che li porti bene e, se è così, mi rallegro. E penso che faccia l'imprenditore poiché è sempre stato un uomo intelligente, pratico e attivo. Qualcuno mi ha detto che, intervistato da un settimanale femminile, si sarebbe espresso con poche parole secche: "Mani pulite ha fatto bene. Ha tolto di mezzo un sacco di ladri". Un commento che condivido, mia cara Carlotta» concluse Paolo.

28
Il Garofano osceno

«Mia madre mi ha raccontato che hai assistito anche tu all'esordio di Bettino Craxi come leader del Psi. È vero?» domandò Carlotta a Paolo.

Lui annuì: «Certo. E se ci ripenso oggi mi sembra la sequenza iniziale di un film di fantapolitica con un finale da cinema horror. Il Psi è scomparso. Craxi è morto in Tunisia dove si era esiliato per sfuggire, così diceva lui, alla persecuzione dei magistrati. Il mondo che ruotava attorno a Bettino e alla sua squadra non esiste più. Restiamo soltanto noi giornalisti anziani, come il sottoscritto. Non siamo inutili come sentenzia qualche giovane collega. A volte mi sembra di essere diventato il custode di una landa piena di ombre. Un pezzo di storia italiana che vive grazie ai nostri ricordi».

«Non lasciarti catturare dalla malinconia!» lo incoraggiò Carlotta. «E raccontami del giorno che vide Bettino diventare il padrone del suo partito...»

«Era il 12 luglio 1976, un lunedì. Il Psi era uscito con le ossa rotte dalle elezioni politiche: pochi voti, dirigenti in fuga, militanti disperati, sezioni deserte. La pessima aria che tirava venne descritta da un giurista intelligente e spiritoso, il bolognese Federico Mancini. Però non con un saggio, bensì con una filastrocca.»

«La ricordi ancora?» domandò la ragazza.

Paolo le sorrise: «Come potrei averla dimenticata? Faceva: "Noi compagni socialisti siamo stanchi e molto tristi. De Martino questa estate lo finiamo a fucilate. Tutto quanto rinnoviamo. Benny Craxi ci mettiamo". Poi il professor Mancini la siglò "Anonimo emiliano", spiegandomi con un sorriso: "Non si sa mai".»

«Chi era questo De Martino?» chiese Carlotta.

«Il segretario del Psi in carica. Un professore universitario napoletano, di sessantanove anni. Ventisette più di Bettino, che ne aveva appena quarantadue. Un signore massiccio, per bene, di poche parole e di lunghi silenzi, ormai alla fine del suo ciclo politico. Al Midas, un grande albergo romano per turisti dalle valute forti, il comitato centrale del partito lo giubilò. E al suo posto elesse Craxi segretario. C'ero anch'io al Midas, come inviato del "Corriere della Sera". E non rimasi sorpreso dalla scelta del Psi. Tranne Craxi, non esisteva nessun dirigente socialista in grado di fermare l'agonia del partito.»

«Conoscevo Craxi dalla fine degli anni Cinquanta» proseguì Paolo. «Eravamo entrambi nell'Ugi, l'Unione goliardica italiana, la culla laico-socialista di mezza classe dirigente italiana. Me lo ricordo con i pantaloni alla zuava e un po' di capelli in testa. Dopo il Midas scrissi molto su di lui, sul "Corriere" e poi su "Repubblica". Ritratti, interviste, cronache congressuali, commenti. Ma prima ancora ero stato un elettore del

Psi, sia pure non sempre fedele. Lo stesso partito per cui votava mio padre, operaio delle Poste e Telegrafi. Lui era cresciuto nella miseria. E non accettava che un politico diventasse ricco. Ma sperava che Craxi non fosse di quella pasta lì.

«Mio padre scomparve nel 1977, quando Craxi era leader del Psi da un anno. Bisogna riandare a quel tempo per giudicare con equilibrio la figura di Bettino. Un politico rimasto nella memoria di molti soltanto per la fase finale della vita, segnata da una serie di errori. E ricordato unicamente per la decadenza legata a Tangentopoli, per l'esilio volontario in Tunisia, in realtà per sfuggire ai magistrati, la malattia e la morte alla vigilia dei sessantasei anni.

«Eppure non è difficile rievocare alcuni tratti positivi di Bettino che oggi sembrano dimenticati. Prima di tutto, era un socialdemocratico europeo, molto coerente e combattivo. Poi coltivava un progetto che poteva sembrare folle. Mirava a sottrarre l'Italia alla tenaglia paralizzante di due colossi, quello democristiano e quello comunista.

«Craxi aveva visto prima di tutti che il nostro paese avrebbe perso ogni spinta propulsiva se non si fosse realizzata un'alternativa vera alla Balena bianca. E non soltanto, come purtroppo avvenne, una staffetta temporanea a Palazzo Chigi.

«Bettino riteneva, con ragione, che soltanto il Psi, e non il Pci, avrebbe potuto raggiungere quell'obiettivo. Cercò di perseguirlo, affrontando l'ostilità aggressiva, e spesso volgare, dei democristiani e dei comunisti. Sfociata nella guerra contro di lui decisa dai due giganti. Divisi su tutto, ma uniti nel proposito di spiantare il Garofano socialista. E distruggere il suo leader. Dipinto come un pericolo per la democrazia italiana, una sciagura per il paese.

«L'ostilità del Bottegone comunista emerse subito nell'estate del 1976, dopo l'elezione di Craxi a segretario del Psi. Enrico Berlinguer e il suo seguito, per primo Tonino Tatò, lo consideravano un bandito, un avventuriero politico, un individuo moralmente spregevole. Il contrasto fra i due leader esplose nel 1978 nei lunghi giorni del sequestro di Aldo Moro, rapito dalle Brigate rosse e rinchiuso nel cosiddetto carcere del popolo.

«L'Italia si divise tra chi sosteneva che si dovesse trattare con le Br e chi no. Questa venne chiamata la "linea della fermezza". In quel momento mi ero già trasferito a "Repubblica" e il mio nuovo direttore, Eugenio Scalfari, mostrava di essere l'alfiere più ferreo di questa posizione. Poi c'era l'Italia della trattativa. E aveva in Craxi il paladino più coerente. Un giorno mi disse: "Moro può essere salvato mettendo fuori dalla galera qualche brigatista. Questo non distruggerà l'Italia, ma in compenso salveremo la vita a un politico per bene". Craxi uscì sconfitto, però continuò a ritenere di aver avuto ragione.»

«Vorrei sapere come la pensavi tu» indagò Carlotta.

Paolo bofonchiò: «Come giornalista di "Repubblica" avevo un dovere di lealtà verso Scalfari. Inoltre pensavo, e penso ancora che, se un grande giornale si divide al proprio interno su una questione delicata quanto la trattativa per salvare Moro, prima o poi la baracca si sfascia. Tuttavia ritenevo, e lo ritengo anche adesso, che il pericolo delle Brigate rosse non sarebbe aumentato se avessimo rimesso in libertà qualcuno dei suoi killer. Insomma, ero per una linea morbida. E non mi piaceva la grancassa retorica della fermezza».

«Tutta la questione del trattare o non trattare» continuò Paolo «era resa più complicata dal carattere di Craxi e dal suo disegno politico. Bettino era anche un temerario senza scrupoli, che pretendeva di sottrarre voti al Partitone rosso. Era impossibile trovare un dirigente comunista disposto a comprendere le sue ragioni. Anche la destra del Pci si guardava bene dal contrastare, almeno in pubblico, l'antisocialismo fondamentalista dilagante nel Pci.»

«Nel luglio 1979, il socialista Sandro Pertini, da un anno al Quirinale, offrì a Bettino il primo incarico di capo del governo. Il tentativo di portarlo a buon fine durò appena qualche settimana, poi Craxi fu costretto a ritirarsi. Disse: "Erano troppi i serpenti sotto le foglie". Non intendeva riferirsi soltanto ai comunisti. Anche la Dc si era messa di traverso. In piazza del Gesù si sosteneva che, nell'affidare quel ruolo a un socialista, Pertini avesse tentato un colpo di Stato.

«Il democristiano più ostile a Craxi si rivelò Ciriaco De Mita. Prima ancora di diventare segretario della Dc, aveva dettato parole gonfie di disprezzo sul protagonismo socialista. Lo riteneva destabilizzante “se realizzato al di fuori di una strategia comune con la Dc”. Quando gli chiesero che cosa intendesse dire, De Mita non si fece pregare: “Craxi rischia di creare nell’equilibrio politico italiano problemi tali da mettere in discussione la conservazione del regime democratico”.

«De Mita fu nominato segretario della Dc nel maggio 1982. L’anno successivo, nell’agosto 1983, dopo un tracollo elettorale della Balena bianca, Craxi varò finalmente il suo primo governo. Era un pentapartito. Ma con uno dei cinque alleati, la Dc demitiana, più vicino al Pci che al premier. Craxi lo sapeva. Non aveva dimenticato che Ciriaco lo riteneva il pericolo numero uno della Repubblica. Quello che non immaginava era che tra la Dc e il Pci sarebbe nata un’intesa ferrea contro di lui.

«Le Botteghe Oscure sopportavano un solo tipo di socialisti: i subalterni alla parrocchia comunista. Però Craxi non apparteneva a quella razza. Era troppo autonomo, troppo carico d’identità. In più la sua strategia prevedeva di sfondare non soltanto nell’elettorato di centro, ma anche a sinistra. Fu per questo che il Pci, ancora guidato da Berlinguer, dichiarò una guerra senza quartiere al primo presidente socialista della storia repubblicana.»

«L’offensiva del Bottegone divenne violenta nel febbraio 1984, quando Craxi firmò il decreto legge sulla scala mobile» continuò Paolo. «Era diretto a limitare il costo del lavoro e tagliava tre dei dodici punti di contingenza previsti per quell'anno. La riduzione degli stipendi era molto modesta. Ma il decreto servì al Pci per regolare i conti con Bettino. Come si era permesso di governare senza l'approvazione del Pci?

«Da cronista, ho un ricordo preciso di quel tempo di guerra. Il Bottegone tentò di tutto per far cadere Craxi. L'ostruzionismo parlamentare dei comunisti contro il decreto raggiunse livelli irrazionali. Persino Berlinguer, monacale anche nell'uso delle parole, diede fuori di matto. Dicendo a Montecitorio che l'ostinazione di Craxi nel difendere quel decreto rasentava "i limiti di un atto osceno in luogo pubblico".

«In realtà, a essere oscena fu la campagna contro Bettino. I dirigenti comunisti e la stampa del partito provarono a demolire la figura stessa di Craxi. Definito un autoritario, un nemico del Parlamento, non più socialista bensì seguace di Margaret Thatcher e di Ronald Reagan, un'incognita torbida del sistema capitalistico, un malato di priapismo. Un'anomalia che "porta all'insoddisfazione sessuale, alla solitudine e alla sconfitta" spiegò una deputata del Pci. Infine si bollò il leader socialista come un nuovo Mussolini.

«Berlinguer si spese molto nel tentativo di distruggere Craxi» aggiunse ancora Paolo. «Arrivando a mobilitare una forza d'urto che gli altri partiti non possedevano: le donne comuniste. Tutte super militanti e nauseate dall'arroganza maschilista di Bettino. L'"Unità", diretta da Emanuele Macaluso, cominciò un'incessante caccia all'uomo. Condotta non soltanto con gli interventi furiosi o irridenti dei dirigenti comunisti, ma con un diluvio di lettere folli.

«Rammento quella di un lettore fiorentino che accusava Craxi di "stuprare la Costituzione". Ma la più strabiliante diceva: "Craxi è il topo roditore della scala mobile. E sta in testa nella classifica delle sciagure d'Italia. Insieme a Michele Sindona, a Licio Gelli, all'Anonima sequestri, a Cosa Nostra, alla droga e al terrorismo". Una follia!

«Poi la riforma della scala mobile passò. E nel giugno 1984 Berlinguer morì all'improvviso nel corso di un comizio a Padova. Craxi si trovò di fronte un nuovo segretario del Pci: Alessandro Natta. Ma neppure allora l'avversione delle Botteghe Oscure si attenuò. Anche Natta disprezzava il Psi. E fu lui a coniare l'immagine razzista della mutazione genetica dei socialisti. Diventati alieni nauseabondi. Degni soltanto di un'accusa da film dell'orrore.

«Tuttavia il vertice del Pci non si limitò a questo. Sempre nel 1984, durante la campagna elettorale per il voto europeo, accadde quel che sembrava impossibile. Natta, non ancora segretario, e Riccardo Misasi, il braccio destro di De Mita, studiarono insieme il tiro di artiglieria che doveva colpire Craxi su due lati. Quello democristiano e quello comunista.

«Ma ormai la Prima Repubblica scricchiolava» spiegò Paolo a Carlotta. «La corruzione stava uccidendo anche il Psi. E tutto finì come sappiamo. L'unico a essere salvato dai magistrati fu il Pci di Achille Occhetto, un altro che considerava Craxi un politico dedito a un gioco perverso. Bettino scomparve nell'esilio di Hammamet. Forse è arrivato il tempo di riportarlo a casa con un po' di onesto revisionismo.»

29
Indifendibili

Paolo disse a Carlotta: «Quella che sto per raccontarti è una storia che di certo non conosci. E questa volta ti prego di non farmi nessuna domanda. Frena la tua irruenza e ascoltala senza aprir bocca».

«Tu hai paura?» mi domandò Walter Tobagi, mentre stavamo cenando in un ristorante romano che piaceva a entrambi, Fortunato, al Pantheon.

«Sì, ma non di essere sparato» gli risposi. «Ho più paura che mi sequestrino.»

«Perché un sequestro ti spaventa più di un omicidio?» mi chiese ancora Walter.

«Perché non so in che modo mi comporterei, se sarei capace di conservare un minimo di dignità.»

Lui replicò: «Nessuno lo sa mai, prima. Soltanto dopo, quando il guaio ti è capitato, scopri che tipo di uomo sei».

Il nostro dialogo, un dialogo folle visto con gli occhi di oggi, ma abbastanza comune quando il terrorismo rosso incombeva sulle vite di tanti italiani, s'interruppe per qualche secondo. Poi toccò a me di interrogare Walter: «E tu hai paura?».

La sua risposta mi arrivò tranquilla: «Sì. Ma avere

paura è inutile. Non serve a evitare il pericolo. E soprattutto non ti aiuta a sopravvivere».

Eravamo all'inizio della primavera 1980. Avevo portato a Walter un mio libro sul terrorismo, appena uscito da Laterza. Non potevo sapere che qualcuno stava già esaminando quelle pagine, per decidere se accopparmi o no. E anche Tobagi non immaginava che, due mesi dopo, proprio quei killer che mi stavano studiando avrebbero assassinato lui. Per questa doppia ignoranza, concludemmo la cena in allegria. Dicendoci che non valeva la pena di alzarci la mattina con l'incubo di essere ammazzati e il risultato di guastarci la giornata.

Tobagi era più a rischio di me per un insieme di circostanze, anch'esse folli se le consideriamo con gli occhi di oggi. Prima di tutto, al «Corriere della Sera» era l'inviato di punta sul terrorismo e ne scriveva senza ambiguità. Poi era il presidente dell'Associazione lombarda dei giornalisti, eletto da una maggioranza ritenuta moderata. Infine era un socialista cristiano. Sottolineo: cristiano e non craxiano, come lo bollavano i duri e i puri della nostra corporazione.

Ma forse la causa vera del pericolo che lo sovrastava era ancora un'altra. Walter aveva appena trentatré anni, però si stava avviando per una strada lunga che lo avrebbe portato in alto nel mestiere e, forse, nella politica. I suoi modi erano pacati. L'aspetto e il tratto potevano sembrare da giovane prete. Ti scrutava con occhi davvero buoni: «occhi da cane» si dice in Piemonte, ed è l'elogio di un essere umano dolce. In più, si muoveva con la generosità di chi vuol capire le ragioni degli altri. E ogni volta spinge lo sguardo verso la metà nascosta della luna, per studiare l'umanità più estranea e lontana.

Sotto questa buccia, però, esisteva un secondo Tobagi. Un uomo tenace, anche caparbio. Difficile da piegare. Fermissimo nei convincimenti. Intransigente sui valori che ispiravano la sua esistenza e il lavoro nei giornali. E coraggioso, capace di tener testa all'arroganza e alla prepotenza che il mestiere, fatalmente, gli metteva davanti.

Eletto presidente dei giornalisti lombardi, Walter aveva scoperto di doversi misurare con più di un avversario. Erano colleghi che lo combattevano per rivalità corporative o per livore politico. Ma persino in quel caso, aveva intrapreso la sua battaglia dura, onesta, a viso aperto, oggi diremmo da riformista cattolico. E soprattutto da antagonista testardo del massimalismo parolaio, diffuso in quell'epoca ancor più di oggi: un bla bla cattivo, eruttato da tante bocche, anche illustri.

Ci conoscevamo da molto tempo. Avevo dodici anni più di lui e me lo ero trovato sui servizi giovanissimo, da praticante all'«Avanti!» e poi all'«Avvenire», il quotidiano cattolico. Sin da allora si capiva che quel ragazzino, figlio di un ferroviere, si sarebbe fatto tutto da solo, perché era intelligente e aveva imparato subito che la vita non regala nulla.

Non era un concorrente facile. Quasi sempre sapeva una notizia più di me. Aveva letto un libro che ignoravo. Mi mostrava un giornale filobrigatista che non conoscevo. Non smetteva di studiare. Scriveva saggi acuti sull'estremismo di sinistra, sul sindacato, sulla storia politica italiana. E leggeva molto, di tutto, con un desiderio d'imparare che non si attenuava mai.

Quando lo uccisero, la mattina del 28 maggio 1980, mi trovavo nella sede della stampa estera a Roma, in via della Mercede. Ero andato lì per sentire la conferenza stampa di Enrico Berlinguer, in vista delle elezioni regionali dell'8 giugno. Mentre il segretario del Pci rispondeva ai giornalisti, venne a cercarmi un'impiegata dell'associazione, una ragazzona nordica.

Mi spiegò: «Il tuo signor direttore ti pretende al telefono». Non intendevo perdermi Berlinguer e replicai: «Digli che non mi hai trovato». Qualche istante dopo, lei ritornò: «Corri al telefono, è importante!». Ci andai di malavoglia. Ed Eugenio Scalfari, con una voce irriconoscibile, mi disse: «Hanno ucciso Tobagi».

Di quella giornata non rammento più nulla. Tranne che ci misi un'infinità di tempo a scrivere il fondo di «Repubblica» sull'assassinio di Walter. Di solito sono veloce, ma quel pomeriggio le dita non volevano saperne di battere sulla tastiera della mia Olivetti. E la mente viaggiava per conto suo.

Vedevo di fronte a me la moglie di Tobagi, Stella, una bella ragazza bionda, riservata, spesso silenziosa. E il figlio Luca, piccolo. Lo chiamavo «Tobagino», come avevamo soprannominato suo padre all'inizio della professione. Una domenica, Walter era venuto a trovarmi nell'Oltrepò pavese. E «Tobagino» aveva rotto una manopola della cucina a gas. Mi ero sempre ripromesso di farla riparare. E me n'ero sempre scordato.

Tentando di scrivere, mi dicevo: adesso quella manopola non la toccherò più. E poi: quanti anni avrà Luca? E sua sorella Benedetta? E Stella come starà affrontando questa tragedia? Picchiavo sull'Olivetti e sentivo la nausea salirmi in gola. Pensavo: adesso vomito.

Poi ringhiavo: vorrei vomitare su chi ha ucciso Walter! Su chi sta godendo della sua morte. Su quelli che hanno paura di scrivere la verità sul terrorismo. O stanno sempre dalla parte delle rivoltelle e mai con chi si becca le rivoltellate.

Si seppe in seguito quanti colpi di pistola avevano esploso contro Tobagi. In quella mattina di pioggia sporca, sotto un cielo sciroccoso che schiacciava Milano, due killer lo avevano aspettato sulla solita strada che percorreva per andare a prendere l'auto e poi dirigersi al «Corriere».

Queste bestie si ritenevano in guerra contro il capitalismo e i giornalisti che gli tenevano il sacco, una guerra santa per affermare la religione comunista. E avevano ucciso Walter senza guardarlo in faccia, ma sparandogli alle spalle. Per sei volte, con proiettili corazzati, tutti andati a segno. Alla schiena. A una mascella. Al fianco destro. Al piede destro. Alla spalla sinistra. E infine al torace, quando lui stava già a terra, dentro una pozzanghera.

Il volantino di rivendicazione arrivò presto. Era

firmato «Brigata 28 marzo», una sottomarca del terrorismo di sinistra, dove imperavano le Brigate rosse e Prima Linea. Il testo era prolisso, pomposo, infarcito di una cultura estremista che giudicai d'accatto. Si aprì una polemica su chi potesse averlo scritto. C'erano dei cervelli dietro i killer? Questi cervelli stavano nascosti al «Corriere» o in qualche altro giornale? Erano loro i mandanti dell'assassinio?

Che epoca assurda! Dopo lo sgomento e il dolore, emersero i sospetti, i veleni, le guerre politiche. Ma l'assassinio di Tobagi sembrava difeso da un muro impossibile da scalfire. Poi, quattro mesi dopo il delitto, il generale Carlo Alberto dalla Chiesa arrestò un terrorista che sembrava di terza o quarta fila, per un episodio di poco rilievo. Si chiamava Marco Barbone, aveva ventun anni, non era un proletario, bensì il figlio di un dirigente editoriale, molto noto nella Milano della carta stampata.

Barbone parlò subito. E a ruota libera, per una scelta, disse, di «diserzione attiva dalla pratica terroristica», che mise nei guai una cinquantina di complici. Era lui il capo della «28 marzo», un gruppo di appena sei terroristi operativi. Il sestetto si era dato una missione: accoppare o ferire i giornalisti «della sinistra istituzionale», spiegò poi Barbone, «l'area di potere che più di ogni altra si opponeva alla lotta di classe condotta dai gruppi armati».

Il primo passo era stato colpire un redattore di «Repubblica» a Milano, Guido Passalacqua. Erano andati a cercarlo in casa e, dopo averlo immobilizzato, gli avevano sparato due rivoltellate a una gamba. Era il 7 maggio 1980, tre settimane prima di uccidere Tobagi. Da quel momento in poi, niente più gambizzati: dovevano esserci soltanto morti stecchiti.

Trascorse un po' di tempo. Un pomeriggio, a «Repubblica», stavo sfogliando la copia staffetta dell'«Espresso» che sarebbe uscito il giorno dopo. E mi capitò sotto gli occhi uno scoop del settimanale sulla confessione di Barbone. C'era scritto che, prima di Tobagi, la «28 marzo» aveva deciso di assassinare due giornalisti: Marco Nozza, un inviato del «Giorno», e il sottoscritto.

Telefonai al direttore dell'«Espresso», Livio Zanetti. Stupito, lui mi disse: «Ma come? Non ne sapevi nulla?». No, maledizione!, non ne sapevo niente. E nessuno a «Repubblica» sapeva niente di niente. Chi sapeva tutto era Bettino Craxi. Una sera, all'Hotel Raphäel, l'albergo romano del leader del Psi, mi diede da leggere il verbale della confessione di Barbone, un pacco di fogli alto tre dita.

Fu in quelle pagine che compresi sino in fondo come la vita di ciascuno di noi può essere appesa a una bava di vento. I killer avevano cominciato a fare la posta a Nozza, colpevole di aver scritto contro i violenti di Autonomia Operaia a Padova. Ma in quei giorni, Marco stava quasi sempre a Torino, per seguire il processo di Prima Linea. E così la banda era passata al numero due dell'elenco: il Pansa, autore di quel libraccio sul terrorismo uscito da poco.

Barbone e soci si appostarono sotto la mia abitazione di Milano. E si resero conto che, per due mattine di seguito, ero uscito sempre alla stessa ora, portando a spasso il cane. La terza mattina, quando vennero per farmi la pelle, non mi trovarono più. Pensarono che mi fossi accorto dell'appostamento. Ma non era così. Dopo due giorni di vacanza, avevo preso l'aereo serale per Roma, dovevo rientrare a «Repubblica». A quel punto decisero di uccidere Tobagi.

Nel 1983 gli assassini di Walter vennero portati davanti alla Corte d'Assise. Sette mesi di processo, centodue udienze. Ero fra i testimoni. E il giorno che mi chiamarono a deporre, incontrai nella saletta d'attesa la moglie di Walter. Oltre a noi, per uno scherzo del caso, nella stanza aspettava un'altra signora: la moglie di Toni Negri, il guru di Autonomia Operaia. Non ricordo se Stella Tobagi e Paola Negri si siano riconosciute. Ma rammento bene il mio colloquio con Stella.

Stella mi parlò a lungo. Avrebbe potuto rinfacciarmi la mia assenza, il fatto d'essere sparito dalla cerchia di amici che ancora la incontravano. Però fu tanto generosa da evitarlo. Era come la ricordavo: una donna giovane, molto graziosa, una voce dolcissima, piena di contegno, ma anche determinata. Delle cose che mi disse, me n'è rimasta nella memoria soprattutto una: cercava di far crescere Luca e Benedetta senza odio per nessuno.

Me ne andai dal bunker del processo umiliato da tanta serenità. Qualche tempo dopo, lessi sul «Corriere» una sua intervista. E vi ritrovai le parole che avevo ascoltato nella stanza dei testimoni: «I miei figli sono perfettamente al corrente di quanto è accaduto. A loro ho sempre detto tutto, sono consapevoli di tutto. E credo di essere riuscita a liberarli da ogni sentimento di rancore, di odio».

Il processo si concluse il 28 novembre 1983. Grazie alla confessione e alla «diserzione attiva», Barbone fu condannato soltanto a otto anni e nove mesi di reclusione e venne subito messo in libertà provvisoria. Lo stesso vantaggio ebbe l'altro pentito della banda, Paolo Morandini, figlio di un giornalista. I quattro che non avevano «disertato» si buscarono pene assai più alte, dai venti ai trent'anni di carcere.

Molti si chiesero se la clemenza per due della «28 ottobre», pur imposta dalla legge sui pentiti, non fosse stata eccessiva. L'«Avanti!» disse, sin dai titoli: *Né giustizia né verità per Tobagi. Libero il capo degli assassini* e *Un processo pieno di zone d'ombra, di verità taciute, di dimenticanze.* Il commento del «Corriere della Sera», scritto da Leo Valiani, uno dei capi della Resistenza, aveva un titolo anche più semplice: *Una sentenza che può indignare.*

Nei tre anni passati in carcere, dall'arresto alla conclusione del processo, Barbone si scoprì cattolico. E venne battezzato da padre Adolfo Bachelet, fratello di Vittorio Bachelet. Lo ricordate quest'ultimo? Era il vicepresidente del Consiglio superiore della magistratura, ucciso dalle Brigate rosse all'Università di Roma, il 12 febbraio 1980, tre mesi prima di Tobagi.

Uscito di prigione, Barbone proseguì nelle proprie scoperte esistenziali e si buttò tra le braccia di Comunione e Liberazione. Nel settembre 1986 si sposò, in chiesa naturalmente. Conservo ancora un ritaglio della «Stampa». Con una fotografia dell'avvenimento. Parrocchia milanese di San Vincenzo. Accanto alla sposa, in bianco, Barbone guarda il sacerdote celebrante. Ha una giacca chiara con il farfallino. E la solita faccia da bamboccio, ben più giovane dei suoi ventotto anni. Gli sposi ebbero in regalo anche un «ricordino» del cardinale Carlo Maria Martini, arcivescovo di Milano, con tanto di dedica autografa.

Subito dopo l'assassinio di Tobagi, a «Repubblica» ci trovammo costretti a riflettere sulla sicurezza di Scalfari. «Barbapapà» era convinto di essere immortale, si spostava dal giornale a casa su una Cinquecento scassata e lo stesso faceva per ritornare in redazione.

Non si poteva andare avanti così. Superando le obiezioni di Eugenio, Gianni Rocca e io ne parlammo a Carlo Caracciolo. Lui si consultò con il cognato, Gianni Agnelli. E il re della Fiat ci mandò il responsabile della sua sicurezza personale. Era un ex colonnello dei carabinieri, un signore che vestiva come un milord, ma aveva l'aria di saperla lunga.

Ci trovammo in quattro nel piccolo box di Eugenio. E lui ci spiegò subito che l'unico modo per sfuggire a un agguato terrorista era di randomizzarsi. Lo guardammo stupiti, senza comprendere. Lui ci regalò un sorriso di compatimento e spiegò: «È un'espressione gergale che deriva dal linguaggio informatico. Il verbo randomizzare indica l'operazione di inserire nel computer dei dati a caso». Poi precisò: «D'altra parte, l'aggettivo inglese *random* significa casuale, irregolare, fortuito».

«Vale a dire?» gli chiedemmo. Il colonnello sospirò: «Per evitare di essere accoppati da un terrorista bisogna vivere a caso. L'Avvocato una sera dorme a Villar Perosa. La sera successiva si sposta nella sua casa romana. La terza sera sta in Giappone. La quarta a New York. La quinta in un luogo che neppure io conosco».

Scalfari gli obiettò che per noi era impossibile comportarsi così. Avevamo una bottega da aprire ogni mattina, quella di «Repubblica». Poi si rivolse a me: «Giampaolo, spiegagli come si svolgono le nostre giornate». Allora raccontai al colonnello quel che accadeva a partire dalle otto del mattino in poi, secondo una cadenza di impegni e di orari che non potevano essere cambiati.

Il colonnello mi ascoltò con una smorfia di scetticismo, sempre più marcata. Poi si alzò di scatto, sistemò i polsini della camicia mettendo in vista dei gemelli d'oro, quindi scandì: «Volete conoscere la mia sentenza? Signori, voi siete indifendibili. Il mio aiuto non vi servirebbe a nulla. Sono lieto di avervi incontrato e adesso vi saluto!».

Indifendibili? Forse era davvero così. Ma almeno Scalfari avrebbe potuto spostarsi con una macchina più sicura della vecchia Cinquecento. Sempre grazie all'intervento di Caracciolo, la Fiat ci mandò un'automobile blindata. Era targata Cuneo e questo suscitò le risate della frazione sudista di «Repubblica». La targa CN era dovuta al fatto che la corazza veniva installata in un'azienda di quella provincia.

Scalfari cominciò a viaggiare con quel mezzo pesante, affidato alla guida di un giovane commesso del giornale che si era offerto volontario. Qualche settimana dopo, nel ritornare a «Repubblica» dopo aver portato a casa il direttore, il fattorino si divertì a lanciare la blindata. A un incrocio vicino a via Veneto, bruciò uno stop e centrò in pieno un autobus vuoto.

Niente morti né feriti. Ma da quel momento la blindata di Cuneo scomparve. Poi ne arrivò un'altra, guidata da due guardie giurate. La usammo in tre, Eugenio, Gianni e io. Tenendo sempre gli occhi bene aperti a ogni incrocio.

Paolo scrutò Carlotta. Era terrea. Le chiese: «Hai delle domande?»

Con un cenno della testa, lei rispose di no.

30
L'Uomo di Cuneo

«Nessun essere umano è un Padreterno» disse Paolo a Carlotta. «Non lo era Tobagi. E meno che mai lo sono io.» Poi aggiunse: «Chi scrive per la carta stampata, soprattutto per quella che deve andare in edicola ogni giorno, è fatalmente indotto a sbagliare. Lavoriamo in fretta, spesso con l'unica risorsa dell'intuito e dell'esperienza. E la nostra condanna è di dover narrare e spiegare faccende complesse che per lo più non conosciamo a fondo. Non era un Padreterno e, dunque, poteva sbagliare anche Giorgio Bocca, il giornalista scomparso il giorno di Natale del 2011, all'età di novantun anni».

«Immagino che stai per raccontarmi di lui» osservò Carlotta. «E mi domando se sia giusto parlare di un collega che, da un certo momento in poi, non ti è piaciuto più. Anzi con il quale hai polemizzato sin dai tempi del primo terrorismo. Il ritratto che ne farai sarà pieno di spigoli. Però lui non potrà mai replicarti.»

«Comprendo la tua obiezione» osservò Paolo. «Ma in questo libro ci sono tanti personaggi scomparsi da tempo. Quello che conta è che non siano figure di secondo piano e abbiano lasciato un segno anche nella mia vita. Bocca era di certo un grande del nostro mestiere. Aveva il carattere giusto per restare sul campo tanti decenni. Dico giusto nel senso che possedeva un carattere duro, spesso cattivo, talvolta da carogna. Del giudizio degli altri non gli importava nulla. Aveva un orgoglio smisurato delle proprie capacità. Non era incline al servilismo e alla retorica. E non credo che avrebbe accettato l'ondata di piaggeria che abbiamo visto nei giorni della sua scomparsa.

«Giorgio piaceva anche perché era un duro sempre pronto a giocare da duro. Quando cominciai a leggerlo, prima sull'"Europeo" e poi sul "Giorno", avevo diciotto anni e stavo ancora al liceo. Desideravo fare il giornalista e Bocca fu uno dei miei maestri indiretti. Mi immergevo nei suoi articoli una, due, tre volte. Sempre con la biro in mano. Prendevo appunti per imparare come si doveva costruire un buon pezzo.»

«Correvano gli anni Cinquanta e Sessanta. Nei quotidiani era l'epoca che vedeva il trionfo dell'inviato speciale. Un Superman del giornalismo che i direttori spedivano in giro per il mondo a raccontare quanto stava accadendo. Spettava a lui descrivere le guerre, le crisi politiche in paesi lontani, i processi celebri, la vita e la morte di personaggi entrati nella storia o nella cronaca importante.

«Oggi quel tempo è finito. La giungla televisiva e il far west dei social network hanno cancellato la figura dell'inviato. I pochi che resistono lavorano di rado, sopraffatti dagli opinionisti e dagli assemblatori di notizie. Bocca ha resistito a questo passaggio d'epoca. È giusto domandarsi il perché. E una risposta c'è.

«Bocca è stato in grado di durare così tanto tempo perché non gli importava nulla di sbagliare. E quando si rendeva conto di aver commesso un errore se ne infischiava. Si guardava bene dall'ammetterlo. Anzi, continuava a sostenere di aver ragione. Soltanto molto tempo dopo si mostrava disponibile a fare un'autocritica, sempre assai parziale.»

Andò così all'alba del terrorismo di sinistra, quando Paolo aveva lasciato "Il Giorno" di Italo Pietra per ritornare alla "Stampa" guidata da Alberto Ronchey. Da quel momento si ritrovarono su trincee opposte. Mentre Paolo osservava preoccupato i primi passi di un movimento armato clandestino, Giorgio rifiutava di accettare questa realtà.

«L'unica spiegazione che mi sono dato del perché si comportasse così è di una semplicità che molti dei tifosi di Bocca rifiuterebbero, indignati. L'Uomo di Cuneo, come avevo iniziato a chiamarlo nelle nostre guerre di parole, sapeva di poter contare su un pubblico di lettori quasi tutti di sinistra e spesso di quella più radicale. Non voleva perderlo raccontando una verità che a loro non piaceva. A ripensarci, si comportava come il capo di un partito che si curi soltanto della propria bottega elettorale.»

«Quando avete iniziato a combattervi?» chiese Carlotta.

«Il nostro primo conflitto, lui il maestro e io l'allievo» spiegò Paolo, «emerse proprio in quel tempo. Giorgio sosteneva che le Brigate rosse non esistevano, erano soltanto un'invenzione dell'Ufficio affari riservati, la sezione più nascosta del ministero dell'Interno. Quando un magistrato, Guido Viola, scoprì a Milano i covi delle Br, Giorgio scrisse che li avevano allestiti l'Ufficio politico della questura, ossia il dottor Antonino Allegra, e il commissario Luigi Calabresi.

«Soltanto anni dopo, in qualche articolo e nel libro intervista scritto con Walter Tobagi, pubblicato da Laterza nel 1979, Bocca ammise di aver sbagliato. Qui rammenterò una sua autocritica, del 1985: "Bisogna ammettere che abbiamo preso una bella cantonata. Noi siamo andati avanti per degli anni a dire che c'era soltanto il terrorismo nero. E su questo terrorismo rosso siamo stati molto reticenti".

«Ma ormai il peggio era fatto e non aveva rimedio» continuò Paolo. «Giorgio era influente anche quando sbroccava. Il coro amorevole dei giornali di sinistra, prima fra tutti l'"Unità", lo rendeva strapotente. Chi non si accodava non aveva vita facile. Furono gli anni della divisione tra i giornalisti. Qualche amicizia finì, a cominciare dalla mia con lui.

«Emerse il livore. I dissenzienti venivano bollati come spie della questura. Oppure velinari pagati dai servizi segreti. Gentaglia che si era venduta ai magistrati dell'antiterrorismo. In caso contrario, erano soltanto poveri coglioni che non stavano agli ordini del grande Giorgio.»

«Entrambi eravamo due piemontesi destinati a scontrarsi» riconobbe Paolo, «Giorgio era un cuneese ferrigno, tutto il contrario di quelli effigiati nelle barzellette. Io venivo da una terra, il Monferrato, che si fa vanto di un vecchio detto: ogni due monferrini, tre fanno i ladri e il quarto è un assassino.

«Pur lavorando nello stesso giornale, la "Repubblica" di Eugenio Scalfari, eravamo tutto tranne che amici. Non ho idea se lui mi abbia considerato un suo pari grado. Penso proprio di no. Anche perché a separarci esistevano troppe diversità.

«Bocca ammirava Silvio Berlusconi e io no. Lui aveva lavorato per il Cavaliere, mentre io mi ero rifiutato di farlo, rinunciando al cospicuo premio d'ingaggio che mi era stato offerto. Mostrava una gran passione per la Lega di Umberto Bossi e a me il Senatur non piaceva. Considerava Carlo De Benedetti un comunista e a me sembrava un'etichetta folle. Odiava tutti i giornalisti che gli facevano ombra, a cominciare da Oriana Fallaci, e io lo giudicavo un astio irragionevole.

«Sul finire del 1989, quando Berlusconi cercò di mangiarsi "Repubblica", Bocca si schierò con il Cavaliere. Cercava di dividere la redazione, dicendo a tutti: smettiamola di difendere Eugenio, Carlo Caracciolo e quel comunista dell'Ingegnere. Sono soltanto dei miliardari tirchi, se ci mettiamo con Silvio faremo la nostra fortuna.

«Poi Andreotti e Craxi trovarono la soluzione del problema. Il gruppo Espresso rimase a De Benedetti. Scalfari seguitò a dirigere "Repubblica". E Giorgio? Bello come il sole, giurò eterna fedeltà a Eugenio. Barbapapà lo perdonò e Bocca riprese a fare come gli pareva e piaceva.

«Tra noi lo scontro più aspro iniziò dopo l'uscita del mio *Sangue dei vinti*, il libro che raccontava quanto era successo dopo il 25 aprile 1945 e le tante vendette compiute soprattutto dai partigiani comunisti sui fascisti sconfitti. Una catena infinita di uccisioni, di torture, di stupri, di persecuzioni odiose, attuate anche contro i civili che si erano schierati con la Repubblica sociale.

«L'autunno del 2003 fu una stagione di guerra per me. Aizzata da tipi sinistri come Sandro Curzi, allora direttore di "Liberazione", il quotidiano di Rifondazione comunista. Curzi non sopportava il mio racconto della guerra civile. E aveva trovato in Bocca, che pure non era mai stato vicino al Pci, un ariete da scagliarmi addosso per farmi crollare.

«Non ci riuscì, ma soprattutto Curzi non comprese che stava lavorando per me. E mi regalava una grande occasione. Tuttavia, grazie anche a Bocca, sperimentai quella che in seguito qualcuno avrebbe chiamato la Macchina del fango. Venni accusato di ogni reato possibile. A cominciare da quello di aver scritto *Il sangue dei vinti* per arruffianarmi Berlusconi, in quel momento presidente del Consiglio.

«Ho resistito perché sono un piemontese testardo quanto Giorgio» spiegò Paolo di buonumore. «Però nel leggere molti articoli e certe interviste mi veniva da vomitare. Ma se rifletto su quanto accadde allora attorno al *Sangue dei vinti*, penso di aver compreso l'origine dell'errore compiuto da Curzi e da Bocca, per citare soltanto due dei tanti che mi davano addosso.

«Da collaudato militante del Pci e poi di Rifondazione, con alle spalle l'esperienza fatta a Radio Praga, Curzi disprezzava il mercato capitalista. E di conseguenza non ne capiva i meccanismi. A sorprendermi fu Giorgio, che era stato uno dei grandi cantori del neocapitalismo italiano.

«La loro faziosità portata all'estremo li aveva resi ciechi. Per questo non s'accorsero che la guerra scatenata contro *Il sangue dei vinti* avrebbe avuto un solo risultato: accendere l'interesse per quel libro e ampliarne al massimo la diffusione. Entrambi si resero conto troppo tardi del servizio che mi avevano reso. Però, come dicono i librai, le copie vendute non tornano più indietro.»

«Ma adesso non voglio più parlare del Bocca furioso per il mio racconto della guerra civile» disse Paolo a Carlotta. «Preferisco ricordare quando avevo incontrato Giorgio per la prima volta, non so più in quale anno. Forse eravamo alla fine degli anni Cinquanta o all'inizio dei Sessanta.

«A quel tempo lui era già un maestro di giornalismo, mentre io stavo ancora all'università. Facevo parte di un circolo culturale intitolato a Piero Gobetti. Te ne ho già parlato. Era un club di ragazzi senza soldi, privi di sponsor, nato alla buona e con ambizioni intellettuali dissacranti. Avevamo uno scopo: costringere la città a discutere di questioni controverse e scandalose. Fu allora che successe quanto sto per dirti.

«Bocca aveva appena pubblicato un libro, non rammento quale. E noi ragazzotti laici, democratici e antifascisti del Gobetti avevamo deciso di presentarlo al pubblico, insieme all'autore. Ma esisteva un problema: come fare per agganciare Giorgio e convincerlo a venire nella nostra piccola patria monferrina? Poi trovammo l'ambasciatore giusto: un signore che era stato partigiano nella banda di Giustizia e Libertà comandata da Giorgio nelle valli cuneesi, durante la Resistenza.

«Lui arrivò guidando un macchinone lussuoso. E fu accolto come meritava: un dio del giornalismo, tanto generoso da accettare l'invito di un pugno di giovanotti sconosciuti. Scese dall'auto con il piglio del generale che passi in rassegna un plotone di reclute. E accettò con degnazione il nostro saluto deferente.

«Bocca ci spiegò subito che non poteva fermarsi. L'indomani doveva partire per un reportage importante in un paese straniero altrettanto importante. Ma durante quella visita lampo fece di tutto.

«Parlò al pubblico raccolto dal Gobetti. Discusse con mezzo mondo. Si arrabbiò. Litigò. Ringhiò. Sganciò pareri schietti sui culi e le tette delle ragazze che vedeva tra il pubblico. Ci domandò se riuscivamo a scopare le donne più belle della città. Mangiò come un lupo nel ristorante dove l'avevamo condotto. Bevve come una spugna. Cantò insieme a noi un paio di canzoni partigiane. E poi se ne ripartì sul macchinone, sempre a tutto gas.

«Lo salutammo in piazza del Cavallo, il cuore della nostra piccola patria» ricordò Paolo. «Eravamo stremati, ma felici. Come se avessimo ricevuto uno strepitoso regalo di Natale. Parlammo della visita di Giorgio per giorni e giorni. Qualcuno del Gobetti aveva preso degli appunti su quanto era stato detto dall'Uomo di Cuneo. Ci riunimmo per rileggerli. E continuammo a discutere all'infinito sul verbo di Bocca.»

«Eravate dei provinciali ingenui» sentenziò Carlotta, con la freddezza delle ventenni che considerano inutili imprese come quelle del vecchio circolo.

«È possibile» ammise Paolo. «Ma anche Giorgio veniva dalla provincia. E nulla vietava anche a noi di riuscire a percorrere la sua stessa strada. Era un alieno nella stampa dell'epoca. Però costituiva la prova provata che ci poteva essere un giornalismo diverso da quello imperante: divagatorio, mellifluo, senza palle. Dunque anche noi allievi indiretti del maestro di Cuneo potevamo sperare.

«Nell'esercitare l'arte della speranza, recitavamo a memoria i "cominci" degli articoli più famosi di Giorgio. Rammento quello su Vigevano, scritto per il "Giorno" di Italo Pietra: "Fare soldi, per fare soldi, per fare soldi: se esistono altre prospettive, chiedo scusa, non le ho viste. Di abitanti cinquantasettemila, di operai venticinquemila, di milionari a battaglioni affiancati, di librerie neanche una...".

«Quello che accadde fra lui e me dopo *Il sangue dei vinti*» disse Paolo a Carlotta «mi rivelò che anche un narratore intelligente ed esperto poteva diventare cieco per la faziosità politica e culturale. Non ho voglia di rievocare tutte le bugie che Bocca mi scaricò addosso. L'ho fatto in altri libri e non mi piace ripetermi. Ma la sua bufala più sorprendente merita di essere ricordata.

«Giorgio sostenne che nell'Italia governata da Berlusconi esisteva un complotto per riportare in vita il regime fascista. E se i giornali si occupavano del mio libraccio, e non di quelli che pubblicava lui, anche questa era una conseguenza della congiura. A chi obiettava che non esisteva nessun golpe cultural-politico, Bocca replicava che *Il sangue dei vinti* era il frutto di una direttiva emanata da un leader di partito.

«Lo ribadì anche in un programma televisivo su La7, *Otto e mezzo*, allora condotto da Giuliano Ferrara e da Ritanna Armeni. Gli chiesero: una direttiva di chi? E a quale scopo? Ma Giorgio si guardò bene dal rispondere. Aveva l'aria compiaciuta di chi pensa di saperne più degli altri. Però non rivelò il segreto che sembrava custodire.

«Ma per fortuna, Bocca non è sempre stato così» concluse Paolo. «Per questo mi domando se ho imparato a sufficienza da questo maestro professionale. A me è rimasto dentro quanto segue. Primo: se si vuole fare del giornalismo decente, la prima dote indispensabile è quella di essere uomini di carattere. Secondo: se il carattere è cattivo, tanto meglio. Più si è carogna, più si riesce a tenere botta nel trascorrere degli anni, senza diventare di panna montata. Terzo: per durare nel tempo, bisogna lavorare sempre, sino all'ultimo, come se ogni giorno fosse il primo. Sì, bisogna faticare. O ruscare, come diciamo noi del Basso Piemonte.

«In che modo si sia condotto l'Uomo di Cuneo lo sanno molti lettori. Con lui ho sempre litigato. Mi sono preso tante gomitate nelle costole. E ne ho anche date. Adesso basta. Dicono che invecchiando si diventi acidi. Per Bocca mi pare sia andata così. Spero che lo stesso guaio non accada pure a me» concluse Paolo, rivolto a Carlotta.

Lei sorrise: «Non ti capiterà. Perché tu conservi le ingenuità di un ragazzino. Come quella di credere che le tue memorie possano interessare a più di dieci lettori».

31
Un eroe malato

«Anche la storia che ti racconto adesso riguarda il mio passato professionale» disse Paolo, un po' intristito. «Il protagonista è Claudio Rinaldi, il giornalista che per anni ha diretto l'"Espresso" ed è scomparso ancora molto giovane.»

«Hai lavorato con lui?» domandò la ragazza.

«Sì, e il nostro rapporto non fu soltanto quello tra un direttore e il suo secondo. Proverò a spiegarmi partendo da una piccola parola che mi legherà per sempre alla sua memoria: *Bestiario*. Era la testata della mia rubrica sull'"Espresso" che poi mi ha seguito su tanti giornali, oggi sulla "Verità". All'inizio era stata l'insegna del mio pezzo settimanale su "Panorama". Nel 1987 Claudio mi aveva chiesto di lavorare per lui, passando dal gruppo Espresso alla Mondadori dell'epoca pre-berlusconiana. E una mattina di domenica ci trovammo a casa sua per cercare il titolo della rubrica.»

Quella fu la prima volta che Paolo vide Claudio al lavoro. E si rese conto subito di che pasta fosse fatto, dal punto di vista umano e professionale. Come uomo era di una precisione maniacale, sempre alla ricerca della soluzione migliore di un problema, mai soddisfatto. Ma anche nel lavoro era così. Un direttore molto esigente e solitario. Come tutti i grandi direttori, avrebbe voluto fare il giornale da solo, dalla prima pagina all'ultima. Purtroppo non era possibile. Dunque, doveva accettare la presenza di una squadra di colleghi, considerata un guaio inevitabile.

Tuttavia, non era un uomo né un giornalista presuntuoso e pieno di sé. Anzi, si considerava con un distacco ironico. Quel giorno, quando non si riusciva a trovare la maledetta insegna, se la prendeva soprattutto con se stesso. Si aggirava nella stanza come un leone in gabbia e gridava: «Lo vedi come sono incapace? Ho bisogno di una parola sola. Però non riesco a trovarla! E tu vorresti lavorare con me...».

«Pensò anche di usarne una latina» raccontò Paolo. «Mi domandò: "Ti andrebbe un'insegna in latinorum? Posso inventarla, sono laureato in Lettere alla Cattolica!". Gli risposi che era pazzo. Claudio sospirò: "Hai ragione. Ma non si dirigono giornali se non si è matti". Alla fine, fu lui a inventare il *Bestiario*. Da quel momento si mise tranquillo, anche se non del tutto. Infatti subito dopo mi chiese: "Quale sarà il personaggio bestiale della tua prima rubrica per me?". Gli risposi: "Frena. Comincio con te fra due settimane. Abbiamo tempo".

«Ma a Claudio il tempo sembrava mancare sempre. Viveva e lavorava di corsa, come se prevedesse di andarsene prima del previsto. Quando iniziai a scrivere per lui su "Panorama", aveva scoperto da un anno di essere ammalato. Non ne sapevo nulla. Claudio mi avvisò dopo la firma del contratto. Mi disse: "Non ti sei reso conto di aver sottoscritto anche una scommessa sulla mia salute?". Lo scrutai interdetto, senza capire. Allora mi spiegò che cosa avevano scoperto, un anno prima, i medici del Besta, l'Istituto neurologico di Milano.

«Era andato a Nusco per intervistare Ciriaco De Mita. Un lavoro da nulla per lui. Ma durante il colloquio si accorse che la penna gli sfuggiva di mano. La riprendeva e di nuovo la biro cadeva. A impressionarsi, e molto, fu De Mita. Sospese l'intervista, chiamò il proprio autista e gli ordinò di portare Claudio all'aeroporto di Napoli. Ciriaco aveva già provveduto a prenotargli un posto sul primo volo per Milano.

«Una volta sbarcato a Linate, Claudio non andò a casa, ma si fece portare al Besta. Qui lo sottoposero a tre giorni di esami. Poi il direttore, Renato Boeri, entrò nella sua stanza e gli disse: "Vuoi che ti dica la verità o che ti racconti delle balle?". Lui rispose: "È meglio la verità". Boeri sospirò: "Non è piacevole. Tu hai la sclerosi multipla, una malattia incurabile".

«Fu una delle rarissime volte che Rinaldi mi parlò del nemico che s'era insediato nel suo corpo» ricordò Paolo. «Stavo già all'"Espresso" come condirettore. Lui c'era arrivato dopo aver lasciato "Panorama", conquistato da Silvio Berlusconi nella cosiddetta Guerra di Segrate. Il Cavaliere lo aveva convocato subito per pregarlo di non andarsene. Ma Claudio gli rispose: "Non voglio lavorare per lei". E gli presentò le dimissioni. Lo stesso giorno, annunciai al Berlusca che mi dimettevo anch'io e mi portavo via il *Bestiario*.»

«Claudio era un malato che non si lamentava mai. Nascondeva i suoi timori, voleva vivere come se niente lo minacciasse, giorno per giorno, ora per ora. In un paese di lagnosi come il nostro, lui è stato un eroe. È una parola impegnativa» ammise Paolo. «Ma non ne trovo un'altra per ricordare la doppia battaglia di Claudio: non soccombere alla sclerosi e condurre la sua buona guerra contro quella parte d'Italia che non gli piaceva.

«Rinaldi è sempre stato un giornalista da prima linea. Non faceva sconti a nessuno. Meno che mai al nostro editore. Lo capimmo quando l'ingegner Carlo De Benedetti venne arrestato per l'accusa di aver pagato delle tangenti e trascorse una notte nel carcere di Regina Coeli. Fu allora che l'atteggiamento di Claudio si rivelò sorprendente, rispetto agli usi dei giornali di quel tempo e anche di oggi.

«Prima di tutto mi chiese di scrivere un *Bestiario* senza cortesia, come se l'indagato non fosse il proprietario dell'"Espresso"» raccontò Paolo a Carlotta. «Poi mi mandò a Ivrea a intervistarlo per chiedergli conto dell'accusa di aver corrotto qualche dirigente delle Poste e Telegrafi per spingerlo ad acquistare delle macchine prodotte dall'Olivetti.

«Anche per un giornalista poco compiacente come il sottoscritto non era un lavoro facile. Ma penso di averlo portato a termine con onore. Per concludere la faccenda, Rinaldi pubblicò il nostro colloquio senza neppure farlo leggere all'Ingegnere. E mi domando quale direttore oggi avrebbe il coraggio di comportarsi così.

«Anche quando il settimanale gli imponeva le inevitabili frivolezze, Rinaldi sapeva essere un campione. L'"Espresso" offriva ai suoi lettori maschi, e forse anche alle lettrici, un assortimento sfolgorante di ragazze nude. Ne rammento una che fece incavolare un po' di vecchi abbonati. Era una splendida maggiorata senza neppure le mutande, seduta su un bidet. Seguita poi da un nudo d'autore: Vittorio Sgarbi, altrettanto sbalorditiva come copertina.»

«Mia madre mi ha raccontato delle proteste di non pochi lettori del settimanale» lo interruppe Carlotta. «Erano quelli che volevano un giornale austero, senza distrazioni. Anche in casa nostra sorsero molte discussioni, le ricordo persino io. Papà era per un "Espresso" puritano, tutto dedito alla battaglia contro Berlusconi. Invece alla mamma piaceva che fosse un po' libertino e goliardico. Diceva che le donnine nude non hanno mai traviato nessuno. E prima che ti affiancassi per il libro che stai scrivendo, mi ha pregato di sfogliare un'annata del settimanale diretto da Rinaldi, papà le ha fatte rilegare tutte...»

«Come ti sono sembrati i nostri nudi?» le domandò Paolo.

Lei gli offrì una risataccia: «Infantili, roba da collegiali! Tu non frequenti i social network e hai la fortuna di non vedere che cosa vi appare. Prima o poi sulla rete mostreranno donne nude che si accoppiano con cavalli o cani di taglia robusta!».

«Fammi parlare di Claudio... La sua vera missione era un'altra: il giornalismo come scommessa civile, al servizio dei lettori e di nessun altro. Sono parole usurate, che sanno di stantio. Però dipingono bene il carattere del giornalismo di Rinaldi. Non era un militante. Né avrebbe mai potuto stare nei ranghi di un partito.

«Obbediva soltanto alle proprie libere opinioni, ai suoi umori, alle simpatie e antipatie. Se devo trovare un'etichetta per lui, me ne viene in mente una sola: anarchico individualista. Nemico dei prepotenti. Avversario di chi voleva zittire i dissensi. Ostile ai tanti politicanti pennacchioni. Che infatti lo consideravano un soggetto per niente raccomandabile. E un tipo ostico, un uomo dal quale stare in guardia.»

«Dopo la sua partenza immediata dalla Segrate conquistata da Silvio Berlusconi, e dalla chiusura altrettanto immediata decisa da me per il *Bestiario*» ricordò Paolo, «lavorammo insieme all'"Espresso" per otto anni, dal luglio 1991 al luglio 1999. Anni cruciali per la politica italiana e di crisi per le sinistre nostrane. Ma anche anni di grande sofferenza per Claudio. Che però non smise il suo impegno al giornale, neppure per un giorno.

«Arrivava in via Po alle sette e mezza del mattino. Io vi entravo poco dopo le otto. E spesso lo trovavo già stremato, con la testa rovesciata sullo schienale della poltrona direttoriale. Al mio ingresso nella sua stanza, si riscuoteva e ringhiava: “Adesso che ci sei anche tu, proviamo a fare un altro dei nostri disastri”. Le chiamava così le campagne del suo “Espresso”: sempre smitizzante, nemico della retorica, pronto a riconoscere i propri difetti e la fragilità di chi lavora con le parole sulla carta.

«Ci siamo voluti bene, alla nostra maniera, da amici brusconi. E abbiamo anche litigato molto. Prima di Claudio, mi sono scoperto scettico sulle virtù delle tante sinistre italiane. Ma alla fine ho capito che, anche su questo, la nostra sintonia di fondo resisteva.

«Ho lavorato con molti grandi direttori. Però nessuno come Claudio ha avuto un così forte rispetto per la fatica di chi stava ai suoi ordini. Amicizia e rispetto: ecco il dono che Claudio Rinaldi mi ha fatto. Per me è la sua eredità più preziosa.

«A poco a poco, le forze lo abbandonarono. Restava in via Po per l'intera giornata. Nell'intervallo del pranzo si sdraiava sul vecchio divano dell'ufficio. E lì riceveva la visita di una giovane attrice che si era innamorata di lui. Li univa un gioco erotico. La ragazza si liberava degli slip e, rimanendo in piedi, si metteva a cavalcioni di Claudio per fargli ammirare il suo tesoro.

«Il giorno che le forze gli mancarono del tutto, si dimise dall'“Espresso” e si ritirò in una casa di campagna, assistito da una moglie meravigliosa, Loredana, e da una figlia adorata, Giulia. Non voleva parlare con nessuno. L'unico visitatore che accettava era l'ingegner De Benedetti, un amico di quelli rari. Morì il 4 luglio 2007, all'età di sessantun anni, nel piccolo sonno del primo pomeriggio, un'abitudine che per molto tempo non si era mai concesso.

«L'anno precedente Claudio era ancora riuscito a raccogliere i suoi articoli sulla sinistra italiana in un libro pubblicato da Laterza con un titolo alla Rinaldi: *I sinistrati. L'odissea di Prodi, D'Alema & co*. Prima di scrivere queste pagine l'ho riletto e mi sono chiesto: è servita a qualcosa la franchezza professionale di Claudio e della piccola ciurma che lo affiancava?

«La risposta è no. Le sinistre di oggi sono peggio delle sinistre di allora. Ma il motto di Claudio era: "Fai quel che devi e avvenga quel che può". In più ricorderei un dettaglio non da poco: ci siamo anche divertiti, come due amici che cazzeggiano al bar.»

32
I milioni nel water

«Ti dice nulla il nome di Mario Chiesa?» domandò Paolo a Carlotta.

La ragazza scosse il capo: «No, non mi dice nulla. E ancora una volta mi sento un'ignorante al cubo. Avresti dovuto sceglierti un'assistente che avesse almeno una pallida idea dei personaggi destinati a comparire in questo tuo libro...».

Paolo la rassicurò con un buffetto, poi continuò: «A Milano, nella città della gente comune, pochi conoscevano Mario Chiesa. Ma nella città dei partiti sapevano bene chi fosse e lo ritenevano una vera potenza.

«Quarantasette anni, ingegnere, socialista, era il presidente del Pio Albergo Trivulzio, la famosa Baggina, storico ospizio per i vecchi rimasti in vita attorno al Duomo. Diventò una figura nota a tutti il lunedì 17 febbraio 1992. Quando i carabinieri andarono ad arrestarlo proprio al Trivulzio e trovarono il presidente con le tasche piene di milioni di lire».

Chiesa aveva messo al sicuro nella propria scrivania una tangente di 7 milioni, ancora calda calda, appena incassata. La Benemerita ne avrebbe di certo scovata un'altra, ben più robusta, di 37 milioni, se l'ingegnere non fosse stato così svelto da farla sparire nel water presidenziale a lui riservato.

«A ripensarci oggi» confessò Paolo, «riscopro le stesse domande che mi ero fatto allora. Questo tangentone era in banconote di quale taglio? Da diecimila lire, da cinquantamila o da centomila? Ma se anche fosse stato in banconote da centomila si trattava comunque di trecentosettanta pezzi da scaraventare nelle fogne, ossia nel nulla, in pochi istanti.»

Come l'ingegnere fosse riuscito a compiere questo miracolo, i cronisti lo scoprirono in seguito leggendo uno dei verbali del suo interrogatorio. I 37 milioni Chiesa li aveva incassati poche ore prima dell'arresto da un'azienda milanese che aveva ottenuto l'incarico di tinteggiare tutti gli immobili del Trivulzio. Erano la seconda tranche della tangente pattuita. E riposavano ancora dentro una sacca dove si trovavano al momento della consegna.

Ma Chiesa era stato tanto rapido da metterli in tasca pochi istanti prima dell'irruzione della Benemerita. Poi, fingendo di dover fare più volte la pipì per l'emozione, era andato nel bagno presidenziale di continuo. E dopo ogni finta pisciata aveva dissolto nel water, pacchetto dopo pacchetto, i 37 testoni.

«La faccenda del water colpì la fantasia rabbiosa di tanti milanesi per bene» spiegò Paolo a Carlotta. «Per primi sbalordì tanti impiegati e operai che in vita loro non avevano mai visto una somma di denaro pari a una scheggia del tangentone. Poi imbufalì pure chi percepiva redditi medio-grandi e aveva un forte rispetto del denaro guadagnato in modo onesto. Gettare delle banconote nel cesso? Era un gesto insensato, un insulto ai milanesi per bene, un'offesa per gran parte della metropoli.

«Infine esplose la rabbia non appena si venne a sapere che l'ingegner Chiesa era molto vicino a una famiglia politica davvero potente in città: il clan di Bettino Craxi. Il leader socialista tentò di smentire quel legame sostenendo che il presidente della Baggina era un mariuolo qualunque, un tizio isolato, senza nessun rapporto con il Psi. Ma negare quell'intimità risultava un'impresa titanica. E nemmeno un peso massimo come Bettino si rivelò in grado di rendere credibile questa tesi.»

In poco tempo il water zeppo di soldi divenne il simbolo di una catastrofe che avrebbe cambiato la faccia dell'Italia politica all'inizio degli anni Novanta. Rivelando che la Repubblica dei partiti era diventata una fogna di illegalità, un pozzo nero senza fondo di ruberie. Mentre la magistratura sarebbe divenuta presto uno dei poteri forti. Quasi un governo ombra in grado di imporre la propria volontà all'arroganza della Casta politica.

«L'insieme si è rivelato un bene o un male?» domandò Carlotta.

Paolo sospirò: «Mi aspettavo questa domanda. Ma purtroppo non sono in grado di offrirti una risposta netta. Sarei tentato di definirlo un male, poiché in una democrazia sana il potere pubblico più forte dovrebbe essere quello dei partiti che fondano la loro esistenza sul voto degli elettori. Ma nell'Italia di quel tempo a prevalere furono i magistrati. E soprattutto uno di loro: Antonio Di Pietro, pubblico ministero a Milano».

«Raccontami qualcosa di lui» domandò Carlotta.

«Ti dirò quel che so del personaggio. Di Pietro era un ex commissario di polizia che aveva scelto di diventare magistrato. Si era fatto notare nel marzo 1991, durante un convegno dedicato a un tema che scottava: l'impresa mafiosa. Tonino, come molti lo chiamavano anche se era un pezzo d'uomo, aveva dimostrato di essere così preveggente da descriverci il sistema di corruzione che lui avrebbe portato alla luce un anno dopo. Di Pietro l'aveva chiamato il sistema dell'impresa-partito.

«"Queste imprese" spiegò il sostituto procuratore al pubblico che lo ascoltava "sono contigue a talune segreterie politiche. Si dividono la torta degli appalti con modalità formalmente corrette, ma con procedure sostanzialmente decise a tavolino. Queste ditte vengono prescelte in base al loro affidamento politico, alla capacità di sponsorizzare questo o quest'altro notabile dei partiti. E così in Lombardia centinaia di miliardi di lire, tutto denaro pubblico, sono gestiti in modo assolutamente privato, senza controlli".»

«Hai mai incontrato Di Pietro a tu per tu?» volle sapere Carlotta.

«Sì. Il 16 marzo 1992, mi portò da lui Chiara Beria di Argentine, che allora guidava la redazione milanese dell'"Espresso", una donna che valeva tre uomini e sapeva tutto di Milano. Ci incontrammo nel Palazzo di Giustizia. Di Pietro mi sembrò più giovane dei suoi quarantun anni. Aveva una bella faccia paffuta da contadino molisano, un volto quasi di altri tempi. Da ragazzo di campagna che, per andare a scuola, doveva alzarsi poco dopo l'alba, fare un pezzo di strada in bicicletta e poi prendere la corriera per raggiungere la città.

«Mi colpirono i suoi occhi. Da bambino buono, ma vivacissimi. Sorridenti, maliziosi, a volte spazientiti. Sedeva in un piccolo ufficio del Palazzo di Giustizia, accanto a uno molto più grande, un camerone. Lì era collocata la centrale operativa dell'inchiesta su Tangentopoli: un paio di uditori giudiziari, ossia giovanissimi magistrati apprendisti, quindi la sua squadra da utilizzare sul terreno. Fatta di carabinieri, agenti di polizia, finanzieri, vigili urbani. E poi vidi dei computer, i famosi e maledetti computer.

«Come aveva previsto Chiara Beria, Di Pietro non ci disse nulla dell'inchiesta. Tranne che aveva la fiducia totale del suo superiore, il procuratore capo della Repubblica a Milano, Francesco Saverio Borrelli, grande magistrato, grande galantuomo e gran signore. Ma in compenso Tonino ci spiegò di essersi dato un metodo di lavoro che alla base aveva sei principi guida.

«Primo: una ciliegia tira l'altra. Vale a dire che bisognava procedere passo dopo passo, storia dopo storia, personaggio dopo personaggio. Senza proporsi nessun mega traguardo, senza avere nessuna teoria da dimostrare.

«Secondo: occorreva aver la pazienza e la tenacia di camminare a ritroso nel tempo. Ovvero di scavare nel passato di un inquisito per comprendere sino in fondo certe storie di corruzione successive.

«Terzo: la carriera personale di un politico sospettato di tangentismo era una pista decisiva per accertare, anche partendo da indizi microscopici, la sua attitudine a lasciarsi corrompere. E per individuare le aziende che, sin da principio, l'avevano aiutato a concretarla.

«Quarto: la paura di essere spediti in carcere favoriva le confessioni. Era chiarissimo che Di Pietro se ne aspettava molte. Soprattutto dagli imprenditori, le prime vittime del sistema tangentizio. Costoro erano già stati costretti a pagare i politici. E non si sarebbero di certo adattati anche a pagare settimane di soggiorno nel pregiato Hotel San Vittore.

«Tuttavia mi sembrò di capire che Tonino si attendeva che pure i politici inquisiti vuotassero il sacco» raccontò Paolo. «O che almeno lo facessero i loro sottopancia, i cassieri e i portavalori in Svizzera al loro servizio. D'altronde, perché dovevano tacere? In nome di quale principio, in omaggio a quale fedeltà, in obbedienza a quale credo ideologico? Erano troppo disinvolti e affamati di denaro per rendersi conto che avevano tradito i loro ideali e i loro elettori. E forse, alle prese con un'inchiesta stringente e senza cortesie, avrebbero messo nei guai anche i loro mandanti.

«Esisteva poi il quinto principio guida: tutto è utile in un'indagine. Per quel cocciuto magistrato molisano aveva un'importanza essenziale la raccolta sistematica e il controllo ferreo di qualsiasi notizia. Pure di quelle in apparenza più insignificanti, dal momento che anche un'inezia poteva aprire orizzonti investigativi imprevisti e decisivi.

«Infine, ed era il sesto cardine che li riassumeva tutti: bisognava stare molto attenti ai passi falsi. Quando l'indagine del pool di Mani pulite avesse cominciato a mordere nella carne della nomenclatura politica, la Casta dei partiti avrebbe reagito come una furia. Lì sarebbe cominciato il pericolo vero. Dal momento che il più piccolo errore avrebbe mandato a gambe all'aria anche l'inchiesta più severa.

«Ma Di Pietro mi sembrò tranquillo anche su questo versante. Tanto che non gli chiesi neppure se iniziasse ad avvertire rombi di tuono all'orizzonte. Allo stesso modo non gli domandai che cosa pensasse della politica italiana. Era un magistrato di destra, di sinistra, di centro? Ma quale importanza aveva accertarlo? Per me nessuna. E neppure per lui.»

«Sappiamo come andò a finire» disse Paolo a Carlotta. «Tangentopoli, una volta portata allo scoperto, si rivelò una catastrofe per i partiti italiani. Un'intera classe dirigente venne messa alle corde. Non si salvò neppure il Pci, che sosteneva di essere l'unica parrocchia pulita. È fondato il sospetto che non pochi politici comunisti siano stati graziati da giudici di sinistra. Ma questo non attenuò il terremoto che investì pure il Partitone rosso.

«Si videro anche tragedie personali, concluse da un suicidio. Il 17 giugno 1992 si uccise con una rivoltellata Renato Amorese, l'ex segretario socialista di Lodi. Il 26 luglio di quell'anno si tolse la vita Mario Majocchi, l'amministratore delegato della più grande azienda di costruzioni del Comasco. Nel settembre 1992 si sparò Sergio Moroni, segretario regionale lombardo del Psi e due volte deputato. Il 12 aprile 1993, a Pescara, si gettò dal sesto piano l'architetto Valerio Cirillo, consigliere comunale democristiano. Il 20 luglio 1993, nelle docce di San Vittore, si soffocò con un sacchetto di plastica l'ingegner Gabriele Cagliari, il presidente dell'Eni. Infine il 23 luglio di quell'anno si uccise in casa con un colpo di rivoltella Raul Gardini, il leader del gruppo Ferruzzi: quella mattina doveva essere interrogato dai pubblici ministeri del pool di Mani pulite.»

Carlotta si prese la testa tra le mani e balbettò: «Non ho mai saputo nulla di questi suicidi. Sono una vera bestia. E mi domando dove ho vissuto in tutti questi anni: in Italia o su Marte?».

Paolo la rassicurò: «Il novantanove per cento degli italiani si trova nelle tue condizioni. La gente dimentica in fretta. E in parte questa è una fortuna. Non tutti riescono a sopportare il ricordo di tante nefandezze».

Un anno dopo il suicidio di Gardini, era il 1994, Silvio Berlusconi fondò Forza Italia, vinse le elezioni e formò il suo primo governo. Quando gli dissero che aveva compiuto un miracolo, rispose: «No. Mi sono limitato a offrire una casa politica a chi l'aveva perduta».

Carlotta domandò a Paolo: «In un'Italia messa in vendita, nessuno ha mai cercato di corromperti?».

Lui rispose con una risata: «I giornalisti non contano nulla. E meno che mai il sottoscritto. Nessuno mi ha offerto neppure mille lire per convincermi a scrivere una riga che andasse a vantaggio di un partito o di un politico. Dunque mi sono trovato nella situazione di una zitella senza spasimanti».

Il giorno successivo Paolo avvertì Carlotta: «Il nostro "Come eravamo" finisce qui. E adesso cercherò di spiegarti come è ridotta l'Italia di oggi».

33
L'età della Decadenza

Arrivati a quella che sembrava la conclusione del suo libro di memorie, Paolo confidò a Carlotta: «Forse non dovrei fermarmi. Ma ti confesso di non avere più la forza di andare avanti. Il mio racconto è arrivato al 1992, all'esplosione dell'inchiesta su Tangentopoli. Mi ero illuso che, dopo quella bufera positiva e salutare, la politica italiana si sarebbe ripulita di ogni difetto. Ma non è andata così...

«Vuoi sapere la verità?» continuò Paolo. «È accaduto tutto il contrario. Nei tanti anni successivi, l'Italia e noi italiani non abbiamo fatto che peggiorare. Nei decenni seguiti al 1945 avevamo le nostre pecche, ma devo riconoscere che eravamo meglio allora. Quando pensavamo di stare peggio e invece non ci rendevamo conto di essere un paese più decente di quello dove viviamo oggi.»

«Da cosa hai compreso che stava iniziando la nostra decadenza?» domandò Carlotta.

«È accaduto il giorno che ho prestato attenzione a qualche segnale che di solito i politici e in genere la classe dirigente tendono a sottovalutare. Per un motivo che ti sembrerà paradossale poiché riguarda il pilastro della società, il suo nucleo fondante: la famiglia.»

La famiglia

«Non vorrai dirmi che la famiglia è scomparsa!» esclamò Carlotta.

«Sarei un pazzo se lo pensassi» replicò Paolo. «La famiglia non è affatto sparita, però è molto cambiata. Per cominciare, esistono molte famiglie di fatto. Una donna e un uomo decidono di vivere insieme, senza prima passare dal sindaco o dal parroco del paese. Dalla loro unione possono nascere dei figli. La famiglia si allarga, i bambini crescono, i genitori diventano su di età. Ed è allora che emerge la differenza rispetto alla famiglia di un tempo.

«I ragazzi non riconoscono più l'autorità paterna. Una volta era assoluta, ogni desiderio del padre veniva considerato un ordine. Guai a disobbedire. Oppure a non tenerne conto. Anche l'indifferenza era ritenuta una trasgressione. I papà fingevano di non vedere, per evitare l'insorgere di conflitti. Ma se il contrasto veniva a galla, bastava una parola del genitore per risolverlo.

«Oggi i padri si comportano da amici al servizio dei figli. Tanto da sembrare i loro sindacalisti. Li difendono sempre, anche quando hanno torto. E per le madri va anche peggio. Sono troppo tenere nei confronti dei loro figlioletti maschi. Li circondano di premure eccessive. Si comportano come se avessero a che fare con un fidanzato o un amante. Per accontentarli, si toglierebbero il pane di bocca o spenderebbero l'ultimo euro.

«E che dire dei padri di figlie femmine? Le coccolano, le ammirano, le circondano di premure. Ho degli amici che vanno in estasi davanti alla figlia adolescente. Hanno un atteggiamento imbarazzante. Saldano i conti dall'estetista e dalla sarta. Acquistano costosi set per il trucco. Qualche volta ti obbligano a pensare che le desiderino e siano pronti a sfiorare un incesto.

«Si è parlato e si parla molto di bamboccioni, ma dovremmo parlare anche di bamboccione. Quando avevo vent'anni, il mio traguardo era di uscire dalla cerchia famigliare e di andare a vivere da solo. Oggi, invece, vedi ragazzi e ragazze ormai vicini ai trent'anni che rifiutano di lasciare la cuccia di famiglia. Possono anche avere un lavoro che gli consentirebbe di mettere su casa. Ma non vogliono andarsene.

«A volte mi chiedo dove possano incontrarsi con un moroso o una morosa. Per sfogare le pulsioni che nell'età giovane sono inevitabili e spesso prepotenti. Scopano in macchina, in qualche alloggio prestato da amici, in un albergo? Ecco una domanda che per me non ha risposta.

«Adesso si rimane a dormire a casa dei genitori del ragazzo o della ragazza. Le madri e i padri che avrebbero da ridire fanno buon viso. C'è pure chi dice di sentirsi tranquillo, perché così sa dove si trovano.»

La politica

«Ma voi dove vi incontravate?» domandò Carlotta.

Paolo rispose: «Nel passato uno dei luoghi oggi più impensabili dove una coppia di morosi poteva vedersi senza problemi era la sezione del partito al quale entrambi aderivano. La sera dicevano ai genitori di dover andare a un attivo, a una riunione di cellula, ad ascoltare un dirigente arrivato da Roma. Per evitare discussioni, si facevano vedere dagli altri iscritti. Poi tagliavano la corda e scappavano da qualche parte per fare in tranquillità i loro comodi.

«Ma oggi i partiti e la politica stanno morendo. La fuga grazie alla sezione di partito non è più possibile» osservò Paolo. «Tu sai come si comportano le coppie irregolari?»

Carlotta gli sorrise: «Appartieni davvero a un'altra epoca, Paolo. Le coppie non sono più di moda come un tempo. Certe ragazze disinvolte si trovano un fidanzato anziano e si fanno ricompensare senza tirchieria. Per non parlare delle studentesse che si offrono ai docenti dell'università. I maschi si comportano nello stesso modo. Dedicano le loro attenzioni a signore di solito fra i cinquanta e i sessant'anni. Vanno a casa loro e le scopano con impegno. Poi riscuotono la tariffa. In realtà sono due modi per prostituirsi. La sezione di partito, come l'hai descritta tu, appartiene alla preistoria!».

«Hai usato una parola che mi intristisce» replicò Paolo. «Anch'io sono un soggetto preistorico. La politica che ho raccontato per anni su tanti giornali oggi non esiste più. È difficile persino riconoscere a quale schieramento appartenga un senatore o un deputato. I cambi di casacca sono talmente numerosi da lasciarti stordito. Dopo le elezioni del 2013, pare siano stati più di duecento, qualche sito Internet sostiene che risultino 246. Forza Italia, il partito di Silvio Berlusconi, ha perso 30 senatori e 29 deputati.

«La conseguenza fatale di questo carosello è una sola: i parlamentari non sono più rispettati» continuò Paolo. «È capitato che qualcuno di loro venisse insultato per strada e poi aggredito. Quasi nessuno osa più tenere comizi in piazza. Ci provano i capi dei partiti, ma si fanno proteggere da uno sbarramento imponente di polizia e carabinieri.»

«Siamo diventati una Repubblica in tenuta antisommossa!» fu il commento beffardo e amaro di Carlotta.

Paolo assentì: «Mi sembra un'immagine perfetta. Le piazze di un tempo appartengono al secolo scorso. Non erano sempre l'annuncio di una vittoria elettorale. Pietro Nenni, il leader socialista, aveva coniato un'immagine prudente, destinata ai compagni più ottimisti: piazze piene, urne vuote. Era un dilemma che oggi non ha più senso. Nessuno osa fare comizi in piazza, a parte Beppe Grillo e i colonnelli delle Cinque stelle. Le emittenti televisive più accorte rifiutano di ospitare la Casta nei talk show, poiché si sono rese conto che la sua audience è diventata minima. E a volte basta la semplice presenza di un deputato o di un senatore per affossare qualsiasi programma. D'altra parte, l'astensione elettorale è diventata altissima. Il sessanta per cento di chi potrebbe votare non va più alle urne. Ecco perché è stata una vera sorpresa l'affluenza molto alta in occasione del referendum del 4 dicembre 2016».

«Forse c'è un solo politico che qualsiasi tivù vorrebbe ospitare» osservò Carlotta. «Matteo Renzi, se non sbaglio...»

«Non sbagli» confermò Paolo. «Anche dopo le dimissioni provocate dalla sconfitta sulla riforma costituzionale, Matteo Renzi è una presenza ricercata. Gli spettatori dei talk show vogliono rendersi conto se la voglia sfrenata di diventare il padrone politico dell'Italia resista ancora nonostante i tanti errori che ha commesso e le difficoltà che ha incontrato. Parlo della crisi economica persistente e dell'arrivo di migliaia di migranti, un fenomeno che lui ha sempre sottovalutato ed è una delle cause principali della sua sconfitta.

«Io, comunque, da quando ho cominciato a non vedere più la sua faccia su tutte le tivù dalle otto di mattina a mezzanotte di ogni santo giorno» concluse Paolo, «respiro meglio.»

Il sesso

«Un altro sintomo molto pesante della nostra decadenza» continuò Paolo, «è l'importanza eccessiva conquistata dal sesso nella vita quotidiana. Quando avevo vent'anni, anch'io dedicavo una parte del mio tempo a scovare una signora o una ragazza che fosse generosa con me. Però non era una ricerca che riempiva le mie giornate.

«Insieme esistevano lo studio e il desiderio di prendere buoni voti al liceo e poi all'università, la politica, il dibattito culturale, la lettura, lo sport, a cominciare dal calcio, i rapporti d'amicizia con i miei coetanei. Oggi il fare sesso sembra diventata l'aspirazione principale di milioni di persone: maschi e femmine, giovani e anziani, ricchi e poveri.»

«Da dove ricavi questa convinzione?» domandò Carlotta.

«Da una quantità di indizi. Accennerò soltanto al più banale. I quotidiani e i settimanali, anche quelli ritenuti austeri, pubblicano di continuo articoli sul sesso. Possono essere storie di cronaca, interviste a sessuologi, consigli pedestri ai lettori vogliosi di soddisfare nel miglior modo possibile i loro desideri, un tempo nascosti e oggi sbandierati.

«Se sfogli un quotidiano importante, uno di quelli che di solito presentano un numero di pagine sbalorditivo, che cosa scopri? Molte delle pubblicità delle case di moda, le famose griffe, hanno un unico soggetto: il sesso. Lei abbraccia lui e lo bacia con la lingua in bocca. Lui si presenta seminudo. Ci sono dei modelli ambigui, che ti obbligano a domandarti: sarà un maschio o una femmina?

«Lo stesso accade con le sfilate di moda. Sono il trionfo del sesso incerto. La top model che un tempo doveva essere una ficona dalla bellezza quasi irreale oggi non è più richiesta. Al suo posto deve esserci un alieno in grado di attrarre i due sessi, anzi i tre sessi, perché i confini tra donne e uomini sono diventati labili, anche nella vita di tutti i giorni.

«La nostra decadenza è attestata da una circostanza che prima non appariva con l'evidenza odierna. Il sesso non conosce più limiti di età. Si accoppiano anche signori e signore anziani. Si vedono settantenni, e anche più vecchi, che si comportano come se avessero ancora venti o trent'anni. Tutti sappiamo che oggi un anziano può andare a caccia di ragazze molto giovani. Ma non si lasciano fermare da una barriera che un tempo sembrava invalicabile. Che cosa diresti se io, un ottantenne, iniziassi a molestarti?»

«Perché non lo fai?» replicò Carlotta comportandosi da vera teppista.

«Perché sarebbe sconveniente!» esclamò Paolo. «E tu potresti ribellarti rifilandomi un ceffone. Ma se anche tu accettassi il mio corteggiamento, ci troveremmo in una situazione malsana che alla fine si ritorcerebbe contro di noi. Però se mi guardo attorno, constato che la coppia ragazza e vecchione non è più un tabù. E lo stesso accade per la coppia signora anziana e ganzo ventenne, che sta diventando abituale.»

Esibizionismo

«Un altro segno di decadenza è lo sbandierare le proprie preferenze sessuali...»

«Non dirmi che sei contrario alle coppie omosex!» lo interruppe Carlotta.

«Assolutamente no!» replicò Paolo. «Non farmi passare per un signore del Medioevo. Ma il troppo è troppo. Quando vedo sfilare per le vie centrali di una città il corteo di qualche Gay Pride, rimango perplesso e mi domando se non sia un esibizionismo eccessivo o innaturale. Poi mi dico che anche questo è l'effetto di un altro fenomeno odierno: il piacere di travestirsi. Da donna per i maschi, e da maschi per le femmine.

«So bene che il travestimento è un piacere vecchio quanto il mondo. La storia dell'antica Grecia e quella romana sono piene di personaggi che adottavano questo espediente per i motivi più diversi: sottrarsi a un nemico o rendere felice un amico. Ma oggi l'Italia, a somiglianza di tanti altri paesi dell'Europa civilizzata, trova normale che vadano in piazza quanti amano questa finzione. Del resto sappiamo che molti maschi che si ritengono normali non vanno più alla ricerca di ragazze, ma di altri maschi che si comportano da femmine.

«Quando scende il buio, li vedrai anche tu i viali di Roma con il loro vasto campionario di travestiti» osservò Paolo. «All'inizio erano tutti di importazione, di solito sudamericani. Ma adesso devono fare i conti con la concorrenza di ragazzi italiani che si prostituiscono comportandosi da femmine. A volte sono molto belli e sembrano donne perfette. Ma esistono anche casi di giovani che indossano abiti e indumenti intimi femminili, però conservano tratti maschili, come la barba o i baffi. E sono loro ad avere più successo.»

«Tu sei mai stato con un travestito?» domandò Carlotta.

«Soltanto una volta ho avuto la tentazione di farlo. Con un ragazzo marocchino, di una bellezza stupefacente e un'eleganza da signorina per bene. Era il figlio di una sarta importante di Rabat e aveva scoperto il piacere di sembrare una ragazza il giorno che la mamma si era decisa a provare su di lui gli abiti delle clienti. Un amico l'aveva convinto a emigrare a Roma e a prostituirsi. Frequentava un bar vicino a Montecitorio, il ritrovo preferito di molti giornalisti. È stato lui a adocchiarmi e a propormi di andare a trovarlo nel suo piccolo appartamento vicino a piazza del Pantheon. E io ho accettato il suo invito.

«Entrato in casa si spogliò, mettendo in mostra un corpo da fare invidia alla più attraente delle donne. Aveva un seno perfetto, un ventre soffice, fianchi da gazzella. Gli ho domandato perché avesse invitato me e non qualche mio collega più giovane. La sua replica mi ha lasciato secco: "Perché tu mi ricordi mio padre". Mi è costato rifiutare di fare sesso con lui, ma gli ho risposto di no.»

«Gli hai detto di no perché ti ripugnava accompagnarti con un ragazzo marocchino?» chiese Carlotta.

«Ma cosa ti viene in mente!» la redarguì Paolo. «Il motivo era quello opposto. Siccome mi attraeva molto, ho avuto paura di scoprire un lato nascosto della mia sessualità. Mi sono domandato che cosa sarebbe accaduto se avessi constatato che accoppiarmi con un altro uomo mi piaceva.

«Posso farti una previsione?» domandò Paolo a Carlotta. «La presenza quasi dominante dei travestiti favorirà la nascita di un nuovo femminismo, molto più aggressivo di quello degli anni Settanta. Le donne si ribelleranno allo strapotere dei maschi che si comportano da femmine. Perché rubano i mariti e i figli grandi, rovinano famiglie, si insinuano nella vita di molte coppie.

«Qui a Roma si è visto già un caso di rappresaglia. Una notte una colonna di automobili guidate da signore e signorine è passata veloce nei viali frequentati dai trans. Ha gettato petardi, candelotti fumogeni, ordigni carichi di gas puzzolenti. I travestiti sono scappati, ma la sera successiva hanno riconquistato il loro posto di lavoro.»

Il bullismo

«Vedi anche tu esempi della nostra decadenza?» domandò Paolo a Carlotta.

«Sì. Senza cercarli, mi imbatto in loro tutti i giorni, quando frequento le lezioni all'università, mentre parlo con le mie amiche, leggendo i giornali. Quello che mi ha più colpito è la diffusione del bullismo non soltanto tra i maschi, ma anche tra le ragazze.

«Se in una classe c'è un allievo che ha qualche difetto fisico o di carattere, puoi giurare che, prima o poi, diventerà la vittima dei suoi compagni. Verrà molestato di continuo, deriso, insultato e potrà accadergli anche di peggio. E a sorprendermi è che sempre più spesso i bulli sono bulle, nel senso che le ragazze hanno cominciato a imitare i maschi. E mostrano di essere più crudeli di loro.»

«Questo è un fenomeno nuovo» osservò Paolo. «Secondo te da dove nasce?»

«Non ho una risposta certa» confessò lei. «Può essere che sia un modo distorto di affermare la parità con i maschi. I ragazzi picchiano, insultano, deridono i più deboli? Bene, lo faremo anche noi ragazze. È inutile che lo studente preso di mira o i suoi genitori si rivolgano al preside dell'istituto o ai docenti perché sanzionino i bulli e le bulle che hanno sottomano sui banchi di scuola. In otto casi su dieci, gli insegnanti si limiteranno a qualche ramanzina. E i violenti si sentiranno autorizzati a proseguire nelle loro angherie.

«Ma il bullismo è soltanto un aspetto di un atteggiamento più generale che la nostra epoca ci mette sotto gli occhi» continuò Carlotta. «È il disprezzo nei confronti di chi è diverso per qualche limite fisico o psicologico. Non sto parlando di chi soffre di un handicap grave che gli impedisce un'esistenza normale. Parlo di ragazzi o ragazze che possono essere dislessici o soffrono di un lieve autismo.»

«È vero» convenne Paolo. «Nell'Italia di un tempo si aveva più rispetto per loro. Forse perché i genitori li tenevano in casa per proteggerli...»

«Lo penso anch'io» disse lei. «Oggi il diverso tenta quasi sempre di fare una vita normale. E questo è un bene che però viene pagato spesso in modo pesante.

«Esiste poi un ennesimo sintomo della decadenza italiana» proseguì Carlotta. «È la persecuzione delle donne che decidono di interrompere una relazione sentimentale, una vita di coppia o un matrimonio. I giornali sono pieni di storie orrende. Chi non vuole restare con un marito, o desidera lasciare un fidanzato o un amante, non è libera di farlo. Viene tormentata, minacciata, e molte volte pestata a sangue o uccisa. Quello che è chiamato femminicidio, un pessimo neologismo, quasi sempre è la conclusione del comportamento possessivo e brutale di un uomo che non riconosce a una donna la libertà di decidere la propria vita sentimentale.»

I social media

«Anche certi aggeggi, ormai di uso comune, possono essere visti come un sintomo di decadenza. Penso alla diffusione spaventosa dei cellulari di ultima generazione: gli smartphone. Se vai a fare la spesa in un supermercato» spiegò Carlotta sorprendendo Paolo «li trovi persino in mano ai migranti che presidiano gli ingressi nella speranza di raccattare un'elemosina di qualche euro.

«Se ne stanno seduti, di solito in gruppo, e maneggiano questi strumenti diabolici. Con chi sono collegati? Ad altri profughi o alle famiglie rimaste in Africa? A qualcuno fanno venire il sospetto che stiano preparando qualche rapina o che guardino siti jihadisti. L'unico fatto certo è che possiedono oggetti costosi. E li usano di continuo, come fosse tutto gratuito.

«Immagino che pure tu possieda uno smartphone di ultima generazione» osservò la ragazza.

Paolo ringhiò: «Me ne guardo bene! Ho soltanto un cellulare del tipo più banale. Mi serve per telefonare a qualche amico vecchio quanto me. Non ho bisogno di nient'altro. Mi vergognerei di entrare in un negozio per farmi guidare nella scelta da una commessa ventenne che mi scruta con uno sguardo di compatimento, come se fossi un dinosauro ignorante».

«Che cosa pensi del super potere del web, dell'invadenza dei social network, di Internet?» domandò Carlotta.

«A costo di passare per un signore dell'altro secolo, come in realtà sono, ti confesso che mi fanno paura» rispose Paolo. «E li considero, lo hai detto anche tu, sintomi della nostra decadenza, dal momento che la loro diffusione significa affidarsi a una macchina e dipendere da questa. Non frequento quel mondo dove si spacciano falsità incontrollabili. Non so come usare Internet per la ricerca più stupida. Non possiedo una mia pagina su Facebook. Non voglio neppure sapere se parlano di me e che cosa dicono. Non so nemmeno spedire le e-mail con i miei articoli ai giornali che ancora li pubblicano e i miei libri all'editore che li stamperà.»

«Te ne stai rinchiuso in un bunker» lo canzonò Carlotta.

«Sì. Lo considero un gesto di resistenza all'avanzare di un mondo che mi intimorisce. Gli articoli e i libri li faccio spedire da un ragazzo che maneggia il computer come facevo io da bambino con il pallottoliere. Non mi costa neppure tanto. Considera che lui è anche la mia vedetta e mi informa se qualcuno sta violando la mia privacy. Ma non succede mai. È la conferma che sono davvero ritenuto un dinosauro. E questo mi rende felice.»

Carlotta disse a Paolo: «La potenza dei social media l'abbiamo constatata nelle elezioni americane dello scorso novembre. Il vincitore, Donald Trump, ha raccontato di aver vinto la corsa alla Casa Bianca grazie a un uso sfrenato di Internet. L'ha confermato lui stesso, affermando: "I social media hanno più potere di chi ha tanti soldi"».

«Sai che cosa penso?» borbottò Paolo. «Che in qualche modo Internet è il sostituto delle piazze dalle quali parlavano i dittatori di quando ero piccolo: Adolf Hitler e Benito Mussolini. Grazie alla radio, i loro discorsi venivano diffusi dappertutto.

«Chi non andava in piazza ad ascoltarli, passava dei guai. Accadde anche a mio padre, nell'ottobre del 1935, per il discorso di Mussolini che annunciava la guerra in Etiopia. Ricevette la visita di tre della Milizia fascista. E si salvò spiegando di essere rimasto a casa perché quel giorno gli era nato il primo figlio: il sottoscritto.

Addio all'italiano

«L'uso di Internet e in genere dei social media sta corrompendo anche la lingua italiana. Ecco un altro sintomo della nostra decadenza» disse Paolo. «Secondo l'Accademia della Crusca si stanno diffondendo una serie di parole nuove sino a poco tempo fa del tutto sconosciute.»

«Sei in grado di farmi qualche esempio?» domandò Carlotta.

«Sì, lo ricavo da un articolo di Giuseppe Pollicelli, pubblicato da "Libero" il 7 novembre 2016. Presentava un'intervista al professor Claudio Marazzini, presidente dell'Accademia della Crusca. Ti citerò dei casi sorprendenti. "Googlare", ossia cercare informazioni nella Rete. "Taggare" per etichettare, viene usato nel gergo dei social network. "Petaloso", un fiore pieno di petali. "Docciarsi", farsi una doccia. "Selfie", fotografarsi da soli usando il cellulare. "Spoilerare", rivelare in anticipo la conclusione di un romanzo o di un film. "Forneria", stabilimento industriale che produce il pane. E infine l'orrendo "Whatsappare", che, come sai meglio di me, significa mandare messaggi su WhatsApp. Io, ti confesso, non so neppure cosa sia!

«Al tempo stesso, mi pare esista un impoverimento generale dell'uso e della conoscenza della lingua italiana» continuò Paolo. «A questo proposito, il maledetto Twitter è una vera sciagura. Riduce al minimo i vocaboli adoperati e le frasi sembrano tanti messaggi telegrafici. Nudi e crudi, una vera schifezza!

«Per fortuna sono vecchio» sospirò lui. «E non vedrò la fine della lingua italiana. Quello che non potrò evitare saranno le parole che si usano nelle trasmissioni televisive, a cominciare dai tanti inutili talk show. Ormai vi partecipano cani e porci, persone che hanno qualcosa da dire e altre che spasimano soltanto di apparire alla tivù. Ecco un altro sintomo della nostra crisi...»

«Eppure anche tu hai partecipato spesso a quelle cerimonie tra la chiacchiera politica e il pettegolezzo mondano!» lo interruppe Carlotta.

«È vero. Ma soltanto perché me lo imponeva la professione. Se avessi rifiutato di andarci, i direttori delle testate che mi facevano lavorare si sarebbero incavolati. Mi consideravano un buon testimone del loro giornale. Da quando sono un pensionato, quasi nessuna emittente televisiva mi invita più. Ti confesso che ne sono felice.»

«Perché mai?» domandò Carlotta.

«Perché nei dibattiti compaiono soprattutto personaggetti da quattro soldi, le classiche mezze cartucce. Non hanno nulla da dire e forse vengono invitati proprio per questo. Ci sono deputati e senatori che ti entrano in casa anche due o tre volte al giorno. È una presenza vomitevole, ma ossessiva. A loro interessa soltanto dimostrare che esistono. E chi decide il casting di un talk dà l'impressione di muoversi imitando i concorrenti. Tutti inseguono i medesimi Signor Nessuno. Dire che è un altro segno di decadenza è dire poco.

«Diverso è il caso di signori e signore che si sono conquistati una buona fama dirigendo giornali oppure pubblicando libri decenti. Ho notato che da qualche tempo appaiono di continuo nei talk show televisivi, senza una ragione plausibile. Può accadere di vederli due o tre volte la settimana, in programmi diversi. Spesso non hanno nulla di nuovo da dire. Forse temono di essere dimenticati. Oppure l'apparire in tivù è diventata una specie di droga di cui non possono fare a meno. Se rammento il loro passato professionale, mi sento invadere dalla malinconia. Ecco un esempio di decadenza privata che si confonde con quella più generale dell'Italia.»

Un paese in vendita

«È tutto giusto quello che ci siamo detti» confermò Paolo a Carlotta. «Ma c'è un ultimo sintomo della nostra decadenza molto significativo: la vendita di aziende italiane a società estere. È un processo che sembra soltanto all'inizio, nel senso che è cominciato con evidenza da qualche anno e minaccia di estendersi.»

«Hai qualche dato in proposito?» domandò Carlotta.

«Sì, lo ricavo da fonti diverse, tra queste un'inchiesta del settimanale "Panorama", pubblicata nel luglio 2015. E da notizie apparse un po' dovunque. Pare che ormai siano molte le nostre aziende passate in mani straniere. E se hai la pazienza di ascoltarmi ti offrirò un elenco parziale di questi cambi di proprietà. Ma dopo aver precisato che il quadro potrebbe risultare già cambiato o essere pronto a mutare.

«La Lactalis, del re del Camembert, si è presa la Parmalat, la Galbani e la Locatelli. La Nestlé ha comprato i Gelati Motta, l'Antica Gelateria del Corso, le acque minerali San Pellegrino, Levissima, Recoaro e Panna. La Unilever ha da anni gli oli Cirio e De Rica. La spagnola Deoleo possiede l'olio Carapelli, l'olio Sasso e anche l'olio Bertolli.

«I cinesi hanno comperato Krizia. La francese Lvmh si è presa Loro Piana e una quota di Bulgari. La Kering, sempre francese, possiede Gucci, Pomellato e Bottega Veneta. Valentino è di un gruppo dell'emirato del Qatar. Gianfranco Ferré è di un gruppo del Dubai. La Rinascente di un gruppo thailandese. La Poltrona Frau è diventata americana. La Edison è francese. La Telecom idem, grazie a Vivendi.

«L'Ansaldo Energia è per il quaranta per cento di Shanghai Electric. I cinesi controllano Terna. L'Ansaldo Breda e il quaranta per cento di Ansaldo Sts stanno nelle mani della giapponese Hitachi. L'Alitalia, la nostra compagnia di bandiera, è di Etihad, la compagnia degli Emirati arabi con la sede a Abu Dhabi. La Pirelli è controllata dai cinesi. La Whirpool è americana e ha rilevato Indesit. Infine l'Italcementi è passata ai tedeschi.»

Carlotta disse a Paolo: «Navigando su Internet mi capita di trovare parecchie notizie che offrono un quadro ancora più allarmante del declino italiano del quale parli tu».

«Sentiamo che cosa hai scoperto» la incitò Paolo.

«La Barilla era stata venduta agli americani e poi riacquistata. La Birra Peroni è diventata giapponese. I cioccolatini Pernigotti sono turchi. La Plasmon è americana. L'Algida è anglo-olandese. La Banca nazionale del lavoro è passata ai francesi di Bnp Paribas. La Star è controllata da una società spagnola, Gallina Blanca. Gli Spumanti Gancia sono di un russo. I Salumi Fiorucci sono spagnoli. Un cinese ha acquistato un'azienda vinicola che produce Chianti "gallo nero". Gli occhiali Safilo sono olandesi. Le moto Benelli parlano cinese. Le Acciaierie Lucchini parlano il russo. Le moto da corsa Ducati appartengono alla casa automobilistica tedesca Audi. La Lamborghini è diventata della Volkswagen. Il gruppo Marazzi, famoso nel mondo per le sue piastrelle, è di una multinazionale americana.

«Poi c'è il caso delle due squadre di calcio milanesi» concluse Carlotta. «L'Inter è passata da Massimo Moratti all'indonesiano Thohir che l'ha venduta ai cinesi della Suning, una società che opera nelle vendite al dettaglio di elettrodomestici e di prodotti elettronici. Mentre Berlusconi per mesi non ha concluso la cessione del Milan a un altro gruppo di cinesi. A proposito di Berlusconi, c'è da ricordare l'assalto a Mediaset da parte dei francesi che controllano Telecom.»

«Penso che sia un elenco molto parziale. E credo che il passaggio di nostre aziende in mani straniere sia ancora agli inizi» spiegò Paolo a Carlotta. «Infine ritengo che parlare soltanto di un'età della decadenza per l'Italia sia troppo poco e riduttivo.

«Quello che non so prevedere» aggiunse lui intristito «è chi sarà a spiantare in modo definitivo il nostro paese. A volte dico a me stesso che l'Italia non esiste più. E comunque per noi i momenti più difficili debbono ancora arrivare.»

«Che drammi stai immaginando?» domandò Carlotta.

Rabbuiato, Paolo le rispose: «Ti citerò soltanto quattro circostanze. Il malgoverno affidato a un premier che si comportava da bullo. E che ha lasciato un'eredità pesante al suo successore, il famoso governo fotocopia di Paolo Gentiloni. Poi ci sono la crisi economica che persiste. Un nuovo terremoto disastroso nell'Italia centrale o altrove. E le ondate di migranti che non smettono di arrivare e si fermano in Italia. Devo ammettere però che non ho le forze necessarie per addentrarmi in questi territori. Dunque concludo qui il nostro libro, che non avrei potuto scrivere senza il tuo aiuto. Grazie, Carlotta».

Indice dei nomi

Indice

Finito di stampare nel mese di febbraio 2017
presso Elcograf - Cles (TN)
Printed in Italy